LA
CAMPAGNE
DU ROY,
EN L'ANNE'E 1677.

A PARIS,

Chez Estienne Michallet,
ruë S. Jacques, proche la Fontaine
S. Severin, à l'image S. Paul.

M. DC. LXXVIII.
AVEC PRIVILEGE DV ROY.

AU ROY.

IRE,,

Les merveilleux succés de la derniere Campagne de VÔTRE MAJESTÉ ayant éblouy toute l'Europe, comme autant d'éclairs, par leur splendeur & par leur rapidité, beaucoup de Princes & de Seigneurs de ses diverses regions mesme les plus éloignées, qui ne pouvoient découvrir cet amas de Conquestes que comme un débris confus de ces superbes édifices que la foudre a renversez, m'en ont demandé avec instance une relation particuliere. Comme pour remplir leur attente, & pour rendre en mesme tems ce qui se doit à vostre Vertu, je n'avois besoin que de la verité, je n'ay pû leur refuser cette satisfaction. J'espere, SIRE, que vous ne desaprouverez pas que j'aye suspendu en ce rencontre la passion que j'auray toute ma

vie pour la Perſonne Sa-
crée & pour le Nom triom-
phant de V. M. Ce ſimple
recit de vos faits heroïques
m'a ſemblé plus propre à
celebrer vos actions im-
mortelles que les diſcours
les plus étudieZ, puiſque

Vous pouvez ajoûter victoire
ſur victoire,
Mais rien ne ſçauroit plus augmenter vôtre gloire.

Je ſupplie donc V. M. d'a-
gréer ce petit Ouvrage, &
d'avoir la bonté de ſouf-
rir que j'oſe me dire,

DE VÔTRE MAJESTÉ,

Tres-humble, tres obeïſſant
& tres fidele Serviteur P. V.

SOMMAIRE.

Ette Histoire contient ce qui s'est passé depuis le jour du départ du Roy pour la Flandres jusqu'à son retour en France en 1677. On y verra les motifs de cette surprenante Campagne, la prise de Valenciennes par assaut, la conqueste de la Ville & Citadelle de Cambray, celle de Saint Omer, precedée de la Bataille de Cassel, & un journal exact de ces trois Sieges : Et enfin les mesures que le Roy a prises pour rompre celles des Confederés, & faciliter la Paix generale si necessaire à l'Europe.

LA

LA
CAMPAGNE
DU ROY,
EN L'ANNÉE 1677.

A PEINE les Puissances engagées dans une guerre, qui partage presque toute l'Europe, eurent veu finir la Campagne 1676. & commencer l'année 1677. qu'elles s'appliquérent avec égal empressement à mettre leurs armées en état de r'entrer en action, & à donner chaleur aux negotiations qui leur pouvoient estre avantageuses.

A

Etat des
Cours de
l'Europe.

Les Imperiaux raſſurez par la paix avec les rebelles de Hongrie, & les Cercles de l'Empire flatez de l'eſperance de porter la guerre au delà du Rhin, formoient chacun de leur coſté de puiſſantes armées. Les Eſpagnols pour marquer la vigueur du nouveau gouvernement de D. Juan, ſembloient vouloir couvrir de Vaiſſeaux la Mediterranée, & la Catalogne de ſoldats; & faiſoient attendre aux Pays-bas des ſommes immenſes pour leur ſecours. Les Holandois piquez des mauvais ſuccez de la campagne paſſée, ne pretendoient pas ſeulement de remettre leurs troupes par des recruës, mais de les augmenter meſme par de nouvelles levées. La France que ces apreſts de tant de puiſſans ennemis regardoient toute ſeule, ſembloit ne fonger qu'à fe mettre en état de repouſſer leurs efforts. D'autre part le fort des armes ayant tourné contre le Roy de Dannemarc, le Roy de Suede à la teſte de fon armée victorieuſe ne penſoit plus qu'à reconquerir les places qu'on luy avoit enlevées.

Cependant l'aſſemblée de Nimegue, pour la paix generale, fe formoit lentement; & quoique les Ambaſſadeurs fe rendiſſent de toutes parts auprés du Roy d'Angleterre, qui avoit eſté choiſi pour Mediateur, il étoit pourtant facile de juger, que la plûpart des Princes qui les envoyoient le faiſoient moins par aucun deſir qu'ils euſſent de faire ceſſer la guerre, que par l'intereſt qu'ils avoient de fe ménager avec cette Couronne.

A ij

Le voyage de Flandres eſt reſolu.

Les choſes étoient en cet état, lors que le Roy apres avoir deſtiné une partie conſiderable de ſes forces pour le Rhin, pour la Catalogne, & pour la Sicile, forma de ce qu'il s'eſtoit reſervé de troupes une floriſſante armée pour la Flandres, & reſolut de la com-

Le Roy nomme les Officiers, qui doivent commander dans ſes armées.

mander en perſonne. Il declara en meſme temps les Officiers generaux qu'il avoit choiſis pour le ſervir en toutes ces differentes Provinces. Il donna au Mareſchal de Crequi le commandement de l'armée d'Allemagne, au Mareſchal Duc de Navailles celuy de l'armée de Catalogne, le Mareſchal Duc de Vivonne fut continué en Sicile: & les Mareſchaux de Humieres, de Schomberg, de Luxembourg, de la Feüillade & de Lorges furent nommez par ſa Majeſté pour commander en Flandres ſous ſes ordres.

La refolution du départ du
Roy fut publiée le matin du 25.
Février, & furprit également les
gens de la Cour, les Officiers de
guerre, tous les François & les
étrangers. La faifon fi peu propre aux actions militaires ; la
campagne dépourvûë de fourra-
ges ; les feftes & les divertiffe-
mens que le Roy dennoit au pu-
blic pour couvrir le fecret de
fes deffeins, tout les avoit trom-
pez. Il n'y avoit point d'équi-
pages prefts, & cependant il falloit en avoir, & partir dans trois
jours.

Le Duc de Villa-Hermofa Gouverneur des Païs-bas Efpagnols,
voyant le grand amas de four-
rages & de vivres, qui fe faifoit
fur la frontiere ne s'amufoit
point aux rigueurs de l'hyver,
& ne doutant pas que le François ne vinft fondre fur lui tout

A iij

à coup, il avoit déja renforcé ses garnisons, & pourveu des choses necessaires toutes les places qui pouvoient estre secourües, & qui paroissoient les plus exposées au peril d'un siege. Il employoit avec des soins infatigables & une grande application, les sommes qu'on luy avoit remises d'Espagne, pour mettre ses troupes en bon état, & il pressoit extraordinairement les Holandois de se joindre à lui, pour s'opposer ensemble à tout ce que les François voudroient entreprendre.

Départ du Roy.

Le Dimanche matin 28 Fevrier le Roy partit du Château de S. Germain en Laye, où il laissa la Reine & Monsieur le Dauphin. La plûpart des Princes, Ducs, & Seigneurs de la Cour le suivirent en qualité de Volontaires.

Le foir du mefme jour S. M.
arriva à Compiegne. Le 1. Mars,
Elle coucha à Chauny. Le 2. à
S. Quentin. Le 3. à Cateau-Cam-
brefis ; & le 4. Elle fe rendit
dans fon camp devant Valenciennes , avant que les équipa-
ges euffent pû y arriver : Et ce
fut alors feulement, qu'on commença à découvrir une partie de
fes projets.

S. M. fe rend dans fon Camp devât Valenciennes.

Dés l'année derniere, le Roy
avoit jetté les fondemens des
entreprifes, qu'il a depuis fi glo-
rieufement achevées. Ceux qui
ne penetroient pas alors dans
les fuites de la conquefte de
Condé & de Bouchain , & qui
condamnoient les efforts qu'on
faifoit en Flandres , parce qu'ils
les croyoient plus neceffaires à
la confervation de nos frontieres du côté du Rhin , ont peu
voir depuis la foibleffe de leurs

Projets du Roy publiés.

A iiij

raifonnemens. En effet pendant
que ces deux places conquifes
incommodoient celles du Háy-
naut & du Cambrefis, & leur
ôtoient toute forte de communication entr'elles : le Baron de
Quinci avec un camp volant les
reduifoit à l'extremité. Comme
il eft natif du païs, il en fçait
parfaitement bien la carte ; &
entendant la guerre aufli bien
qu'il fait, non feulement il em-
péchoit le commerce entre ces
places ; mais il s'opofoit par tout
aux forties des Efpagnols, qui
ne pouvant plus faire des courfes
dans la Picardie, ni recevoir les
contributions qu'ils y avoient
établies, ne fubfiftoient dans
leurs garnifons qu'avec beaucoup de peine. Les courfes du
Baron de Quinci & les magazins qu'on faifoit fur la frontiere
en divers endroits, marquoient

asés les desseins que la France pouvoit avoir sur Mons, Valenciennes, S. Guilain & Cambray; mais d'ailleurs Ypre & S. Omer estant aussi menacés par les grands preparatifs d'armes & de munitions, qu'on faisoit du côté de l'Artois & du Boulonnois, il estoit difficile de juger de la veritable intention des François; & on ne se feroit jamais imaginé, qu'ils eussent voulu entreprendre plusieurs sieges à la fois.

Le Marquis de Louvois Secretaire d'Estat, & premier Minis- Activité tre pour le fait de la guerre, du Mar- avoit si habilement ménagé tou- quis de tes choses, pour faire réüssir les desseins du Roy, il avoit joint à ses conseils tant de soins & de fatigues, fait des voyages & donné des ordres si à propos, que dés le moment que S. M. arriva dans son camp tout fut disposé,,

A v

pour l'ouverture de la campagne.

Le Marefchal Duc de Luxembourg, qui étoit parti de la Cour avec ce Miniftre, quelques jours avant le depart du Roy, avoit invefti Valenciennes, dés le 28. Fevrier, & pour mieux couvrir le deffein de ce fiege le Marefchal de Humieres tenoit Mons bloqué en mefme tems.

Difpofition du fiege. Le Roy fit d'abord travailler aux lignes lui mefme, vifita les poftes, alla reconnoître la place, & donna les ordres neceffaires pour fermer le paffage à toute forte de fecours. Le Camp groffiffoit à tous momens par l'arrivée des troupes & des equipages, & les provifions y venoient inceffamment des magazins, où l'on les avoit ramaffées. On y compta cinquante mille combattans dans huit jours. Ce qui paroît incroyable, à confiderer la rigueur de la faifon, & le mauvais état où fe trouvoit ce païs defolé par la guerre. Dans le mefme tems M. de la Motte Marefchal de camp & M. de Mommont Brigadier d'infanterie, avec les troupes qu'ils commandoient, incommodoient S. Omer dans l'Artois, & donnoient de la jaloufie à Ypre. Le Baron de Quinci Marefchal de camp, & M. de la Fitte Brigadier de cavalerie étoient aux portes de Cambray. Tout le gros de l'armée s'eftant enfin rendu dans le camp S.M. diftribua les quartiers. Elle prit le fien auprés de Famars, qui étoit du côté, où l'on devoit faire les attaques, & choifit les Marefchaux de Humieres & de la Feüillade pour y commander fous fes ordres. Le Marefchal Duc de Luxembourg eut fon

Etabliffement des quartiers.

quartier à Launoy. Le Marefchal de Schomberg à l'Abbaye de S. Sauve, & le Marefchal de Lorges au mont Azin. Ces poftes eftoient tout autant de villages fituez fur des éminences les plus proches de la place.

Valenciennes eft une place fi importante, qu'elle meritoit bien qu'on donnaft à fa prife tous ces grands preparatifs d'une armée Royale. Sa fituation eft tres-avantageufe; & l'Empereur Valentinien la trouva fi forte pour la guerre, même de fon tems, qu'il voulut bien luy donner fon nom. Elle eft confiderable auffi par le peuple qui l'habite, par le commerce qui s'y fait, & par la reputation qu'elle a d'avoir fouvent refifté à de puiffantes armées. Outre fes fortifications, elle eft entourée de deux fleuves, l'Efcaut &

la Ronnelle, de marais inaccessibles, & d'éclufes pour inonder la campagne tout à l'entour. C'eft enfin une des plus importantes places, non-feulement du Haynaut, mais de tout le Pays-bas. D'ailleurs fa prife mettoit à couvert une partie de la Picardie, de la Champagne & des Pays conquis, ôtoit à Cambray toute efperance de fecours, & avançoit les bornes de la France, jufques dans le cœur de la Flandres. Toutes ces chofes eftoient bien connuës des Efpagnols auffi bien que des François, & ils n'oublioient rien auffi pour fauver Valenciennes. Le Duc de Villa-Hermofa avoit envoyé fon Commiffaire general du côté de Danremonde, avec de l'argent pour faire des magazins pour la fubfiftance de fon armée, & pour donner moyen de s'avancer aux

Le Duc de Villa-Hermofa tâche de fe mettre en é at de défenfe.

troupes Hollandoiſes, qui s'aſ-
ſembloient autour de Roſendal,
dans le deſſein d'aller faire teſte
aux François.

Il y avoit dans la place mille
chevaux, le Regiment d'infanterie Italienne de Silva, deux
Regimens d'infanterie Vallonne, un du Comte Solre, un autre de M. d'Oſtils, autrefois
Gouverneur de Condé, deux
Regimens d'infanterie Alleman-
de du Marquis de Léden, &
deux mille Bourgeois choiſis, à
qui on avoit donné des armes,
& des Officiers capables de les
commander. Elle eſtoit abon-
damment fournie d'artillerie, &
de toute ſorte de munitions de
guerre & de bouche, & quantité de Nobleſſe, & de payſans
s'y eſtoient jettez pour la def-
fendre. Le Comte Solre qui s'en
eſtoit trouvé dehors lors qu'on

Garniſon de Valenciennes, Officiers qui y commâdoient, & leur diſpoſirion à la bien défendre.

l'avoit inveftie y eftoit entré par adreffe. Le Marquis de Riche-bourg frere du Prince d'Epinoy, homme d'experience & de courage y commandoit en qualité de Gouverneur. Il avoit infpiré aux Soldats & aux Habitans une grande refolution de fe dé-fendre jufques aux dernieres extremitez, & fait dreffer des potences dans les carrefours pour intimider le peuple, que les incommoditez d'un fiege, ou quelque intelligence pouvoient porter au foûlévement, & enfin il avoit fi bien difpofé la garnifon dans les dehors, & les milices au dedans, qu'il avoit fujet de fe promettre une vigoureufe dé-fenfe. On apprit tout cela d'un Officier Italien de la garnifon, qui fut arrefté dans le Camp.

Les pluyes continuelles avoient arrefté le Canon par les chemins, & empefché que le Roy ne peuft donner les ordres pour l'ouverture de la tranchée. Mais le 8. il ne manqua plus rien. Sa Majefté vouloit au commencement attaquer la place par les endroits les plus foibles, tels que paroiffoient l'eftre la Porte de Cambray & celle de Cardon : mais la difficulté d'y conduire le Canon, la fit refoudre à commander les attaques du côté de la porte d'Azin, quoique le mieux fortifié. Pour cela, il falloit premierement infulter un Ouvrage couronné défendu de deux demy-Baftions, avec leurs demy-Lunes avancées, & d'une forte Paliffade, d'un large Foffé, & d'une bonne Contrefcarpe. Il y avoit encore une demy-Lune revétuë, qui voyoit les travaux en front, un grand Foffé entre deux, & plus avant un pe-

Les attaques font refoluës du coté d'Azin.

Defcription de l'Ouvrage couronné.

tit Fort irregulier nommé Pâté ou Fer de Cheval, à qui un bras de l'Escaut servoit de fossé. Il falloit ensuite traverser l'Escaut, qui couloit avec rapidité le long des rempars de la ville, & les separoit du petit Fort. Malgré ces obstacles qui paroissoient insurmontables, on crut que si l'on pouvoit une fois se rendre maître de l'Ouvrage couronné, y dressant des batteries, & y plaçant des Mortiers pour foudroyer de là le corps de la Place, la Ville seroit obligée à capituler, plûtost que se voir reduire en cendres, sans qu'il en coutât au Roy autre chose que de la poudre. Ainsi Sa Majesté donna les ordres pour l'ouverture de la tranchée la nuit du 9. au 10. de Mars, & y voulut même assister, pour animer les availleurs par sa presence.

Ouverture de la tranchée.

Le Marefchal de Schomberg fut le premier à monter la Garde, avec le Comte Bardi Magalotti Lieutenant General, le Comte de S. Geran Marefchal de Camp, le Marquis d'Angeau Ayde de Camp, trois Bataillons du Regiment des Gardes, de Picardie, & de Soiffons commandez par M. de Rubentel Brigadier d'Infanterie, & foûtenus par M. de Jauvel Brigadier de Cavalerie, avec fix Efcadrons, deux des compagnies des gardes du corps de Noailles, & Duras, un des Genfd'armes Ecoffois & Anglois, & les autres des Regimens Colonnel General, Meftre de Camp, & du Roy. Ce dernier Corps couvroit deux mil Soldats tirez de divers Regimens, qui pousserent la tranchée plus de fix cens pas vers la contr'escarpe. Les

Affiegez ne manquerent pas de faire grand feu, mais avec fort peu d'effet, car il n'y eut que quelques Soldats & deux Officiers de tuez. Le Marquis de Livourne eut un cheval tué fous luy d'un coup de Canon, comme il alloit vifiter quelque pofte. Le Marquis de Richebourg Gouverneur de la place s'eftant avancé dans les dehors, fut bleffé cette nuit, en y donnant les ordres, & fa bleffure l'ayant mis hors d'état d'agir, M. Defprés fut mis en fa place avec un pouvoir abfolu du confentement de tous les Officiers, ce qui fut ignoré dans le Camp.

Le Gouverneur de la Place eft bleffé. M. Defprés lui eft fubftitué.

La nuit du 10. au 11. On mit à couvert la tefte de la tranchée, & on y fit une place d'armes. Le Marefchal de la Feüillade étoit de jour, avec le Marquis de Rénel Lieutenant general,

Garde du Marefchal de la Feüillade.

le Marquis de Tilladet Mareſchal de Camp, le Prince d'Harcourt Ayde de Camp, à la teſte
de deux Bataillons des Gardes
Suiſſes, deux de Navarre, un
d'Harcourt-Beuvròn, & un autre d'Artois, ſous M. d'Aubarede Brigadier d'Infanterie, ſoû-
tenu par le Marquis de Rével
Brigadier de Cavalerie, à la
teſte des Eſcadrons des Garde-
corps de Luxembourg & Lorge,
de la Gend'armerie, de la Co-
lonnelle, Meſtre de Camp, &
Regiment du Roy.

Garde du
Mareſchal
de Luxem-
bourg.

À l'entrée de la nuit du 11. le
Roy alla voir monter la Garde
par le Mareſchal de Luxembourg, le Marquis de la Cardonniere Lieutenant General,
le Chevalier de Sourdis Mareſchal de Camp, M. de Bartillat
Brigadier de Cavalerie, M. de
Tracy Brigadier d'Infanterie,

le Marquis de Chiverny Ayde de Camp, avec les trois derniers Bataillons des Gardes & les deux d'Auvergne, commandez par le Marquis de Cœuvres, un de Mayne, & les Escadrons des Garde-corps de Noailles & Duras, un des Gensd'armes, & les autres du Colonnel, Mestre de Camp, & du Roy.

Le matin du 12. l'artillerie n Batterie]
en état. commença à joüer. M. de Vauban, qui avoit la direction des travaux, les fit continuer à demi-sappe à la faveur du canon, dont les premiers coups demonterent plusieurs pieces des assiegés. M. de Ste Catherine Commissaire de l'artillerie fut tué dans la batterie, où il commandoit. Les provisions qu'on avoit Provisions
dans le
Camp. fait sur la frontiere pour faire subsister l'armée arriverent par Bouchain & Condé, & mirent l'abondance dans le camp.

Monfieur Frere unique du Roy, qui étoit parti de Paris le 7. arriva au camp ce jour là , & fut logé dans le quartier du Roy.

Le Marefchal de Lorge monta la tranchée avec le Comte du Pleffis Lieutenant general , M. d'Albret Marefchal de camp, le Marquis de Livourne Brigadier de cavalerie, le Marquis de Cavois Ayde de camp, le Marquis de Bourlemont Brigadier d'infanterie avec trois bataillons du Regiment du Roy , deux du Royal, & un autre de la Frezeliere , foûtenus de deux efcadrons des gardes du corps de Luxembourg & Lorges, un des Gens d'armes, & les autres des Cuiraffiers, Sourdis, & Tilladet. On aprocha fort la tranchée du glacis de la contrefcarpe, & le Marquis de Sevigni enfeigne

des gens d'armes Dauphins y fut
bleffé. On arrefta dans le camp
quelques officiers Efpagnols, qui
vouloient entrer dans la place,
ou pour y porter des avis ; ou
pour y joindre leurs compagnies.

Cette même nuit, on prit une Prife du fauxbourg N. Dame.
redoute, & le fauxbourg Noftre-
Dame, fans beaucoup de refiftance de la part des affiegez.
Comme plus de trente pieces de
canon & quantité de mortiers,
de bombes, & de carcaffes faifoient tomber fur la ville une
tempefte continuelle de feu, de
plomb, & de fer, on creut que
les affiegés avoient tant à faire
au dedans de la place, qu'ils n'a-
voient pas le tems de fonger à
fecourir ces dehors. Mais il y
avoit encore une raifon de leur
peu de refiftance : C'eft qu'ils
efperoient pouvoir noyer les affiegeans dans ces dehors mêmes,

lors qu'ils s'en feroient faifis, en lâchant leurs éclufes; & fe vanger ainfi par l'eau, du ravage que le feu leur faifoit. Ils les lâcherent en effet dans le fauxbourg, mais affés inutilement, car la cinquiéme garde ne laiffa pas de s'y loger, & d'y faire plufieurs places d'armes, à caufe que les paliffades & les défenfes fe trouvoient déja renverfées par l'artillerie.

Garde du Marefchal de Humieres.

Ce fut le Marefchal de Humieres, qui monta cette cinquiéme garde le 13. avec le Comte d'Auvergne Lieutenant general, le Chevalier de Tilladet Marefchal de Camp, le Chevalier de Nogent Ayde de Camp, le Chevalier de Grignan Brigadier de Cavalerie, M. de S. George Brigadier d'Infanterie, deux Bataillons du Regiment Lyonnois, deux du Dauphin, un d'Harcourt.

court-Beuvron, un des Fuziliers,
& les escadrons d'un quartier
des Gens-d'armes & Chevaux-
legers des Gardes, un de la premiere compagnie des Mousquetaires blancs, un des Gens d'armes Dauphins, un des Cuiraffiers, & les autres de Tilladet &
Sourdis.

Le 14. la garde fut relevée par
le Mareschal de Schomberg, le
Duc de Villeroy Lieutenant general, le Prince Palatin de Birc-
kenfeld Mareschal de camp, le
Marquis de Montrevel Brigadier de cavalerie, le Marquis de
la Pierre Brigadier d'infanterie,
& le Marquis d'Arcy Ayde de
camp, avec deux bataillons du
Regiment de la Reyne, deux des
aifleaux, un de Piemont Genevois, & un de Saluces aussi de
Piemont & des troupes que la
Cour de Savoye preste à la

Garde du Mareschal de Schomberg.

B

France, & sept escadrons, de la deuxiéme compagnie des Mousquetaires noirs , des Chevaux-legers Dauphins, des Gens. d'armes d'Anjou, des Cuirassiers, de Sourdis, de Tilladet , & de Bartillat.

Garde du Maréschal de la Feüillade.

La garde fut montée le 15. par le Mareschal Duc de la Feüillade, le Comte de Montbron Lieutenant general , M. Stoup Mareschal de camp , le Prince d'Elbeuf Ayde de camp, le Marquis de Revel Brigadier de cavalerie, le Marquis d'Uxelles Brigadier d'infanterie avec six bataillons des Regimens d'Alsace , Saluces, & Salis, & six escadrons de Bartillat, Grignan, Loëmaria, Konismark, & Gassion. Ce jour là les travaux se trouverent extrémement avancés, ils se divisoient en trois branches , & avoient plus de deux cens . . . de longueur, & deux de hauteur. Ils étoient fortifiés de plusieurs places d'armes, qui envelopoient l'Angle couronné, dont nous avons fait la description au commencement. Ils mettoient à couvert beaucoup d'infanterie, & donnoient moyen d'approcher les bateries.

Tout ce que nous venons de dire se faisoit en execution des ordres que le Roy en donnoit luy-même chaque jour. Il se trouvoit par tout, il commandoit, il animoit les Officiers & les Soldats par sa presence, & se trouvoit souvent aux moindres occasions.

Le 16. le Maréchal de Luxembourg monta la tranchée avec le Marquis de la Trousse Lieutenant general, le Comte de S. Geran Maréchal de Camp, le Chevalier de Ven-

Garde du Maréchal de Luxembourg.

dofme Ayde de Camp , & trois
Bataillons des gardes Françoifes
conduits par M. de Rubentel
Brigadier d'infanterie , & Capitaine dans ce Regiment , &
trois autres Bataillons de Picardie, & de Soiffons fous les Marquis de Bourlemont & de la
Pierre.

Cependant les Affiegeans ne
perdoient que tres peu de monde, & les Affiegez ne montroient
pas toute la vigueur qu'on en
avoit attendu. Soit que la tranchée fuft fi bonne qu'elle rendît
inutile tout le feu des affiegez :
foit qu'ils fuffent tellement ex-
pofez aux bateries, qu'il ne leur
fuft pas poffible de faire feu de
leurs redoutes : foit enfin qu'ils
ne trouvaffent pas le petit Fort
affez important pour y hazarder leurs Soldats , qu'ils vouloient conferver pour la défen-

fé de la Ville. En effet quand
ils auroient perdu ce pofte, la
riviere qui le feparoit de la Ville
la mettoit affez à couvert de ce
côté-là ; & des autres endroits
les marais & les eaux des Eclufes,
qu'ils avoient lâchées en défendoient affez bien les approches,
pour ne leur laiffer appréhen-
der aucune infulte.

Le Roy que le fuccés animoit,
& qui mefuroit fes deffeins fur
les progrés du Siege , refolut
l'attaque de la contrefcarpe
pour le matin du 17. Il vifita les
poftes le foir. Il écrivit de fa
main tous les ordres de cette attaque, & les mit entre les mains
de M. Rofe Secretaire du Cabi-
net pour en faire faire dés co-
pies, qui furent diftribuées auf-
fi-toft aux Officiers Generaux,
qui étoient de jour, & aux principaux Officiers des troupes de

Le Roy refout l'attaque de l'Ouvrage couronné.

ftinées à cette entreprife. Sa Majefté commanda à foixante Garde-corps de mettre pié à terre
dans le faux bourg Noftre-Da-
me armez de leurs Carrabines,
& d'obferver toute la nuit la con-
tenance des affiegez. Elle fit
dreffer dans le même fauxbourg une batterie de fix pieces
de canon, & de quelques mortiers, qui prenoit en revers l'Ouvrage couronné, les troupes
qu'Elle choifit pour cette entreprife, outre celles qui eftoient
déja à la garde de la Tranchée,
furent les deux compagnies des
Moufquetaires, les Blancs, commandez par le Chevalier de
Fourbin, & les noirs par M. de
Jauvelle Capitaines Lieutenans,
la Compagnie des Grenadiers de
fa maifon fous Riotot Capitaine,
& quarante-deux compagnies de
Grenadiers tirez de tous les Ba-

taillons de l'armée. Toutes ces troupes se rendirent à la tranchée la nuit du 16. au 17. Les Grenadiers du Régiment du Roy se logerent entre les Mousquetaires blancs & les Gardes, & les Grenadiers d'Auvergne & de Navarre entre les Mousquetaires noirs, & le Bataillon de Bourlemont, le Marquis d'Angeau fit la fonction d'aide de Camp. Le Chevalier de Vendôme ne voulant pas estre relevé dans une occasion aussi importante que celle qui se préparoit, obtint du Roy la permission d'y combattre, & le Marquis d'Angeau luy porta l'ordre d'observer exactement ce qui se passeroit dans l'action pour en pouvoir porter sur le champ des nouvelles à Sa Majesté.

Toutes ces choses estant ainsi disposées pour l'attaque, le ma- Ordre de l'attaque de la con-

B iiij

tin du 17. environ les 9. à 10.
heures , on entendit tirer neuf
coups de canon, qui dévoient
fervir de fignal aux affiegeans
pour fortir de la tranchée & attaquer l'Ouvrage couronné.

Comme le Roy avoit paru fur
le bord de la riviere, & que le
bruit de la prefence de Sa Majefté s'étoit répandu parmy les
troupes commandées, elles for-
tirent pour l'execution de cette
entreprife, avec un ordre & une
intrepidité incroyable. Les Grenadiers de la maifon du Roy,
foûtenus par le Chevalier de
Fourbin à la tefte des Moufquetaires blancs, & par la Tournelle & Davejan Capitaines aux
Gardes , avec un de leurs Bataillons, infulterent la droite de
l'Ouvrage, pendant que les Grenadiers du Regiment de Picardie
foûtenus par Jauvelle avec les

Mousquetaires noirs, & par le
Marquis de Bourlemont avec
une partie du Regiment de Picardie attaquoient le côté gauche ; & que le Marquis de la
Trousse Lieutenant general , &
le Comte de S. Geran Marefchal de Camp, avec le reste du
Regiment de Picardie , & des
troupes commandées le prenoient en front.

Desprès, le Comte Solre, & Les affie-
les autres Officiers de la place, gez vain-
qui s'estoient assemblez dans le cus.
mesme Ouvrage pour deliberer
sur les moyens de le défendre,
entendant tout à coup le bruit
du Canon , apres un grand cal-
me & le profond silence qu'on
avoit gardé de part & d'autre
pendant quelque tems, & voyant
avancer les troupes du Roy, se
separerent pour courir aux endroits où se faisoient les atta-

B v

ques , & y animer leurs gens à bien faire. Mais leurs soldats foudroyez par l'artillerie , exposez au feu des Carabines du Faux-bourg , & à la tempeste continuelle des Bombes, & pris en flanc , sans que les demy-Lunes des côtez les en pûssent garantir , s'imaginerent d'être trahis , & que les assaillans , dont ils se voyoient enveloppez de toutes parts fondoient du Ciel sur eux. L'épouvante s'estant mise parmy eux , ils abandonnerent tout , dehors , contrescarpe, Palissades, fossé, le corps de l'ouvrage qu'ils défendoient, & les armes mesmes, & enfin le courage les abandonnant entierement, ils se jetterent à la foule & sans ordre du côté de la demy-Lune revétuë. Les Mousquetaires & les Grenadiers se mêlant parmy les fuyards s'en-

Hardiesse, fortune & Valeur des assiegeans.

foncerent avec eux dans les mefmes paffages qui fervoient à leur
retraite, tuant tout ce qu'ils ren-
controient en leur chemin. Ceux
des nôtres qui percérent jufques
dans la demy-lune, par un pont
de bois, qui eftoit fur le foffé,
remarquerent que pour favorifer la retraite des affiegez, on
avoit abaiffé la Bafcule qui
donnoit entrée dans le Pâté :
Mais comme le guichet eftoit
embarraffé de corps morts,
de bleffez, & de la foule de
ceux qui vouloient fe fauver, ne pouvant pas le faire
tous à la fois, les uns fe jettoient
dans le bras du fleuve, qui fervoit de foffé au pâté, les autres
fe couchant par terre contre-
faifoient les morts, pour fe dé-
roßer par cette feinte à la premiere fureur des vainqueurs. Ce
defordre des affiegez animant

les plus hardis des nôtres, & ne
leur laiffant plus faire des re-
flexions fur les embufcades
qu'on pouvoit leur avoir dref-
fées, & fur la refiftance qu'ils
pouvoient trouver, ils pouffe-
rent leur victoire jufqu'au bout;
& emportés par ce point d'honneur, fi delicat parmy les Moufquetaires, dont aucun ne fçau-
roit ceder à fon compagnon, la
gloire de fe trouver le premier
dans les occafions les plus dan-
gereufes, ils fe jetterent l'un
apres l'autre dans le guichet. Il
n'auroit pas peut-être été difficile à quelques Officiers & Soldats ennemis, qui étoient dans
le Pâté de reprimer l'ardeur des
plus échauffez : Mais foit qu'ils
ne diftinguaffent plus l'amy de
l'ennemy; foit qu'étant du nombre des fuyards, la vigueur avec
laquelle ils fe voyoient pourfui-

vis leur euſt entierement fait perdre le jugement & le cœur , ils
mirent les armes bas, & quelques
uns meſmes que la peur de paſſer par le fil de l'épée avoit plus
vivement frapés , demanderent
la vie à genoux. Les Vainqueurs
s'avancerent vers la porte de la
Ville , mais ils trouverent le
pont-levis hauſſé. Ils prirent garde qu'à la gauche de l'entrée du
Pâté il y avoit un petit Eſcalier
de pierre pratiqué dans le mur,
qui ſervoit de croûte au Pâté,
par lequel on pouvoit monter
ſur la terraſſe qui le couvroit,
& de là paſſer ſur les remparts
de la Ville, par le moyen de certaines voûtes qui tenoient à cô-
é de la petite Maiſon des Eſ-
luſes, & ſur la droite du pont-
evis.

Les Grenadiers enfoncerent Les aſſail-
lans ſe
trouvent
dans la
onc une petite porte , qui fer-

moit cet Escalier, ils monterent
sur la terrasse, où ils ne trouverent que deux ou trois soldats,
& passant de la terrasse sur les
voûtes, qui y étoient attachées,
ils penétrerent jusques à une autre petite porte qui les mit sur
le rempart. De là ils s'avancerent vers le pont-levis, & en
ayant chassé quelques soldats
qui le gardoient, ils l'abaisserent
pour donner libre passage à leurs
compagnons, & ils s'avancerent
tous ensemble dans la premiere
ruë, jusqu'à la veuë d'un Pont
de pierre sur l'Escaut, qui traverse la Ville en cet endroit.

Les Mousquetaires & les Grenadiers, qui s'étoient avancés
dans la Ville sous Vinchiguerre
& ensuite sous Moissac & la Bar-
re Officiers des premiers, & sous
Molinneuf Lieutenant des autres, secondés du Marquis de

Beaumont Volontaire, n'étoient
pas plus de trente hommes en
tout, comme ils entendirent le
peuple, qui couroit aux armes,
& qu'ils virent partie de la Cavalerie, qui commençoit à se
ranger sur le Pont de pierre, ils
prirent d'abord le parti de se
mettre à couvert dans les portes des maisons. Leur nombre
s'augmenta en suite par l'arrivée
de quelques autres sous Mau-
pertuis : Mais comme l'embar-
ras de la Bascule du Pâté par
où il faloit passer necessaire-
ment, ne permettoit pas qu'il
leur vint beaucoup de monde à
la fois, ils se retrancherent le
mieux qu'ils peurent dans la mesme ruë, & y firent ferme quelque tems. Quelques Cavaliers &
Dragons des ennemis, & quelques soldats mesmes s'avancerent de tems en tems en deçà

du Pont pour les repouſſer, mais
les plus hardis y eſtans demeu-
rés, leur Cavalerie abandonna
le Pont pour s'aller mettre en
bataille dans la grande Place.
La Milice qui avoit pris les armes au bruit ſurprenant de l'entrée des Aſſiegeans dans la Ville
fit mine de vouloir diſputer le
paſſage du Pont & de tendre
les chaînes dans les ruës. Mais
le Chevalier de Fourbin, Jauvelle, Riotot, avec le reſte de
leurs Compagnies, & tous ceux
qui les avoient voulu ſuivre,
ayant entierement défait ou pris
priſonnier tout ce qu'ils avoient
rencontré dans les dehors a-
voient fait dégager la Báſcule,
& s'étoient jettés dans la Ville
comme un torrent.

La Ville
priſe d'aſ-
ſaut.

Les principaux Bourgeois au
premier bruit de l'entrée des
François dans la Ville accouru-

rent au fon du Tocfin à la Maifon Commune, & firent fortir
dans la Place des Deputez qui
dirent aux Troupes qui y étoient
déja en bataille, qu'ils demandoient à capituler. A quoy les
Officiers, & Moiffac entr'autres,
repliquerent qu'il n'eftoit plus
tems & qu'on n'avoit pas accoû-
tumé de capituler avec fes Maîtres. Alors un des Deputés pria
qu'au moins on les laiffaft aller
implorer la clemence du Roy,
ce qu'on leur permit ; & M. le
Duc de Luxembourg s'étant
rencontré à la porte de la Vil- Oftages
le, accompagné de M. Dumetz envoyez à
Sa Majefté.
Lieutenant general de l'Artillerie, il les remit entre les mains
du Marquis d'Angeau pour les
conduire à S. M. Il commanda
en fuite aux Moufquetaires de
demeurer en bataille dans la
grande Place, & leurs Officiers

firent mettre les armes bas &
pied à terre à ce qui s'y trouva
de la Cavalerie de la Garnifon.
Il ordonna aux Grenadiers de fe
faifir de la Place du Marché, où
il y avoit un petit Corps de garde des ennemis ; & il difpofa le
refte des Troupes & l'artillerie
ainfi qu'il jugea plus à propos
pour achever de s'affeurer de
tous les quartiers de la Ville.

Le Roy eroit à peine le rapport que luy fait le Chevalier de Vandôme : Il s'avance au devant des Otages.

Cette grande action fut faite
avec tant de rapidité, & fut ac-
compagnée de tant de valeur &
de bonne fortune, que le Roy,
qui n'avoit ordonné que la prife
de la Contrefcarpe, avoit peine
à fe fier au témoignage de fes
propres oreilles lors qu'il enten-
doit les cris de *vive le Roy* & le
bruit de nos grenades & mouf-
quetades retentir du milieu de
la Ville. Mais le Chevalier de
Vandôme , qui avoit efté des

premiers à entrer dans la Place
estant arrivé en toute diligence
auprés de S. M. la tira de cette
incertitude, & Elle ne fut pas
plutost éclaircie de la verité
qu'Elle passa du côté de l'attaque, & trouva en chemin le Baron de Langiamet & en suite
plusieurs autres personnes de
qualité qui lui confirmèrent que
nous estions Maîtres de la Ville.
A cette derniere nouvelle le
Roy fit avancer le Marquis de
Louvois pour empescher le pil-
lage & les autres desolations des
conquestes faites par assaut, &
à cet effet donner les ordres
qu'il jugeroit necessaires selon
la disposition où il trouveroit les
choses. A peine S. M. eut passé
le Pont qu'on avoit jetté sur
l'Escaut pour la communication
des quartiers, qu'il rencontra le
Marquis d'Angeau, qui condui-

S. M. envoye le Marquis de Louvois dans la Ville. Les ordres qu'il y donna.

foit le Prevoſt du Comté de Haynaut & les plus qualifiés des Habitans qu'on avoit don-nés pour ôtages. Ils implorerent la clemence du Roy & luy de-manderent la confirmation de leurs privileges. Il ſembloit que par le droit de la guerre la Ville devoit eſtre abandonnée au pil-lage; & le Roy le fit connoître

aux ôtages, mais ce Monarque, à qui la douceur & la bonté ne ſont pas moins naturelles que la valeur, compatiſſant au malheur d'un ſi grand peuple, & faiſant ceder ſa puiſſance & ſa victoire à ſa generoſité, ne permit pas qu'il fût fait le moindre déplai-ſir aux Habitans, & leur fit tout eſperer de ſa miſericorde.

Le Marquis de Louvois étant arrivé dans la Ville dit aux Mouſquetaires de monter ſur les chevaux de la Garniſon, puiſqu'ils leur appartenoient, & commanda aux Vaincus de se retirer dans une Eglise jusqu'à nouvel ordre. Ensuite quelques Escadrons des Gardes du Corps & quelques Bataillons des Gardes Françoises releverent les Mousquetaires & les Grenadiers; Et Valenciennes par un seul assaut, aussi soudain qu'il est inoüi, fut entierement soumise à la France.

Les Habitans s'obligerent de payer la somme de 400 mille escus en reconnoissance de la grace que le Roy leur avoit faite de leur conserver les biens, l'honneur des femmes, & la vie, & de preserver leur Ville du feu, & du pillage. Il demeura huit cens soldats de la Garnison sur la place en cette occasion, & le reste fut fait prisonnier de guerre. Les principaux Officiers fu-

La Ville s'oblige de payer 400 mil Ecus.

La Garnison & les Officiers sont faits prisonniers de guerre.

rent du nombre de ces derniers:
ſçavoir le Marquis de Riche-
bourg Gouverneur de la Place,
qui avoit eſté bleſſé au commencement du ſiege, Deſprés,
qui luy avoit eſté ſubſtitué, &
qui ſe trouva bleſſé auſſi, le
Comte de Solre, le Marquis de
Leuven, Taxis, Montigni, &c.

Perte des
François
dans ce
Siege.

Du côté des François le Marquis de Bourlemont Brigadier
d'Infanterie, Meſtre de Camp
du Regiment de Picardie fut
tué: c'eſtoit un jeune Officier de
grand merite, & encore de plus
grande eſperance: à peine étoit-
il gueri des bleſſures qu'il avoit
receuës en d'autres occaſions
dans leſquelles il s'étoit toûjours
diſtingué. On perdit auſſi trois
Capitaines d'Infanterie, un de
Cavalerie, ſept Subalternes, on-
ze Mouſquetaires, & environ
cent cinquante ſoldats, à com-

pter dés le commencement du
fiege. Le Duc de Luxembourg
& le Comte de S. Geran furent
legerement bleffés à cette attaque de quelques éclats de Grenades, les autres bleffez furent
Champigny, Ferrant, & plufieurs Officiers du Regiment des
Gardes, Cailleres Capitaine
dans Navarre ; le Marquis de
Charmel volontaire , environ
vingt-cinq Moufquetaires , &
plus de cent trente foldats.

Le Roy vifita les fortifications , & deftina à la conftru-
ction d'une Citadelle les Quatre
cens mil Ecus , à quoi la Ville a-
voit efté impofée : Et comme
l'importance de cette place de-
mandoit qu'on n'en confiât le
gouvernement qu'à une perfonne d'une fidelité éprouvée ,
d'un grand courage , & d'une
prudence confommée , Sa Ma-

Le Roy, vifite les fortifications. Il diftribuë les emplois

jesté choisit le Comte Bardi-
Magalotti Florentin de naiſſance, & François par plus de
trente années de ſervice, pendant leſquelles ayant paſſé par
les emplois de Capitaine, de
Lieutenant Colonnel du Regiment des Gardes Françoiſes, de
Meſtre de Camp d'un Regiment
d'infanterie Italienne, il eſt par-
venu à celuy de Lieutenant general. La Lieutenance de Roy
fut donnée à M. de Foucaut
Lieutenant Colonnel du Regiment de Bourgogne, & la Majorité à M. de Chazerat Capitaine dans Navarre. Le Baron
de Quincy en recompenſe des
ſervices qu'il avoit rendus, &
qu'il continuoit de rendre devant Cambray fut fait Prevôt
du Comté, c'eſt-à-dire, Chef
des Habitans.

Sa Majeſté
loüé & re-

Le Roy loüa publiquement
les

les Officiers & les Volontaires, qui s'étoient signalés en cette occasion. Recompensa Jauvelle Capitaine-Lieutenant des Mous-quetaires noirs, de la commis-sion & appointemens de Mares-chal de Camp : Le Marquis de Vains Sous-Lieutenant-Capitai-ne de la mesme Compagnie, de la commission & appointemens de Brigadier de Cavalerie : Mau-pertuis Capitaine - Sous-Lieute-nant des Mousquetaires blancs eut la mesme chose. La Hoguet-te, de Barriére, de Rigoville, & Moissac Cornettes de ces deux Compagnies eurent les commis-sions & solde de Colonnels de Cavalerie ; Les Mareschaux de Logis eurent des brevets & ap-pointemens de Capitaines de Chevaux-Legers ; Et ainsi tous les Officiers & Mousquetaires fu-rent recompensez ou en argent ou en brevets de grace ou de

(marginal note:) S. M. Loüe & recom-pen e ses Officiers & Soldats,

C

nobleſſe. M. de Vauban eut une gratification de 25 mil écus. S. M. ordonna à M. le Duc de Lude Grand Maiſtre de l'Artillerie de faire partager entre ſes Officiers & Soldats les trois mille piſtoles du droit ſur les cloches : fit diſtribuer de l'argent aux Troupes, & particulierement aux Soldats, qui avoient fait des priſonniers : donna le Regiment de Picardie au Marquis d'Harcourt-Beuvron, & celuy d'Harcourt-Beuvron au Marquis de Humieres fils du Mareſchal.

Rejouïſſances de Paris.

　　La nouvelle de cette priſe fut portée le matin du 18. à la Reyne, qui eſtoit à Paris depuis le 4. avec Monſieur le Dauphin, pour faire les Stations du grand Jubilé; & elle répandit la joye dans cette grande Ville. Le *Te Deum* fut chanté dans l'Egliſe Noſtre-Dame. La Reyne y aſſiſta avec Monſieur le Dauphin, & ils y furent accompagnés de tous les Princes & Princeffes du Sang, de toute la Nobleffe, de l'Archevefque, Clergé, Parlement, Magiftrats, Ambaffadeurs & Miniftres Etrangers. Le foir on fit des feux de joye par toutes les ruës. M. Varefi Nonce Apoftolique, le Milord Montaigu Ambaffadeur d'Angleterre, Contarini Ambaffadeur de Venife, le Comte Ferreri Ambaffadeur de Savoye, l'Abbé Gondi Refident de Tofcane, le Comte Baglioni Refident de Mantouë, & tous les autres Miniftres des Potentats & Princes amis de la France furent fe réjouïr avec la Reyne & Monfieur le Dauphin de cette importante conquefte du Roy.

Complimens de quelques Miniftres Etrangers à la Reyne & à Monfieur le Dauphin.

On receut en ce mefme tems la nouvelle que le Comte d'Eftrées Lieutenant general & Vice-

Nouvelle de la conquefte du Comte

C ij

Amiral de France avec l'Armée navale, qu'il commandoit dans les mers de l'Amerique, avoit repris dés le mois de Decembre l'Ifle de Cayenne fur les Holandois, & en avoit fait la Garnifon prifonniere de guerre. Tant d'heureux fuccés à la fois ne donnoient pas moins de terreur aux Confederés, & d'étonnement aux Puiffances neutres; que de confiance aux Vainqueurs pour former de nouvelles entreprifes.

Aprés que le Roy eut donné tous les ordres neceffaires à fes grands deffeins & mis dans Valenciennes une forte Garnifon, tirée la plufpart des Regimens

Suiffes. Il décampa le 21. Mars, & le mefme jour il donna à Monfieur fon Frere unique le commandement d'une Armée pour l'Artois de quatorze Efcadrons

& vingt Bataillons. S. M. choifit pour fervir fous S. A. R. M. le
Marefchal de Humieres ; pour
Lieutenans generaux le Prince
de Soubife , le Marquis de la
Trouffe , & le Comte du Pleffis ;
pour Marefchaux de Camp M. de
la Motte , qui avoit fait le blo-
cus de S. Omer , M. d'Albret, le
Chevalier de Sourdis, & Stoppa ;
pour Brigadiers de Cavalerie les
Marquis de Gournay & de Bordages ; pour Brigadiers d'Infanterie Aubarede, Chymenes, Souvray , & Phiffer ; pour Major
general M. de Montmont Capitaine aux Gardes ; pour premier
Ingenieur M. de Choifi ; pour
commander l'Artillerie le Marquis de la Frezeliere ; pour Intendant M. Robert.

Le Roy garda auprés de lui,
pour fervir dans fon Armée les
Marefchaux de Schomberg, Lu-

Troupes
& Officiers
que le Roy
garda au-
prés de fa
Perfonne.

xembourg, de la Feüillade, &
Lorges; pour Lieutenans generaux le Duc de Lude, le Marquis de Rénel, la Cardonniere,
le Comte d'Auvergne, le Duc
de Villeroy; pour Marefchaux
de Camp le Comte de S. Geran,
les Marquis & Chevalier de Tilladet freres, & le Palatin de Bir-
kenfeld; pour Aydes de Camp
le Chevalier de Vandôme, les
Princes d'Harcourt & d'Elbœuf,
les Marquis d'Angeau, d'Arcy,
de Chiverny, de Cavois, & le
Chevalier de Nogent; pour
Brigadiers de Cavalerie Jauvelle, de la Fitte, Nonan, d'Auger, Buzenval, Rofe, & Tallart:
pour Brigadiers d'Infanterie Rubentel, Salis, Tracy, d'Uxelles,
Villechauve & Joffeaux; pour
premier Ingenieur Vauban; pour
Intendant de l'Armée M. de
Bretcüil, en l'abfence de M. de
S. Poüange.

Le Roy campa le ſoir à Haſ-
pre, & le 22. il ſe preſenta devant Cambray. Il fit le tour de
la Place, & voulut la reconnoître à la portée du mouſquet. Il
fit d'abord travailler à la circonvallation & contrevallation.
Dés que la nouvelle de ce Siege
fut répanduë, les Païſans s'y rendirent de tous les endroits de la
Picardie, ſelon les ordres qu'ils
en avoient receus ; & ils obeï-
rent d'autant plus volontiers,
qu'ils eſtoient depuis long tems
extrémement foulés par les contributions, & par les courſes
continuelles de la Garniſon de
cette Place : Cela leur en faiſoit
ſouhaitter ardemment le ſiege
depuis le commencement de la
guerre, & c'eſtoit le but de tous
les ſouhaits qu'ils mêloient dans
les acclamations dont ils ac-
compagnoient le Roy, au re-

tour de la derniere Campagne.

Cambray est la plus forte & la plus importante place des Païs-bas. L'Escaut la traverse & remplit ses fossez, Elle est fortifiée regulierement de Rempars , Bastions , demy-Lunes, & de deux Forts ; & commandée d'une Citadelle, de forme quarrée , qui en est separée, & qui outre ses bastions, demy-Lunes & Fossez, est dans une situation fort avantageuse. La place est encore considerable, pour estre la Capitale du Cambresis, & le Siege Metropolitain de la plus grande partie des Païs-bas Catholiques ; & pour avoir une Eglise remplie de quantité de Benefices insignes, & de grands revenus & dignitez Ecclesiastiques. On prétend qu'elle étoit déja celebre du tems même des Romains. Elle soûtint ensuite

fa reputation fous Clodion Roy
de France, qui s'en rendit maître par la perte de cinquante
mille hommes, qui furent facri-
fiez à fa prife, tant du party des
affiegeans que de celuy des
affiegez : Le foin particulier.
que prit Charle-quint de la fortifier augmenta beaucoup l'e-
ftime qu'on en faifoit, & enfin
elle a efté fi bien établie dans
les guerres de noftre fiecle,
qu'elle a toujours paffé pour la
Place la plus formidable, qui
foit dans les dix-fept Provinces.
C'eftoit d'ailleurs comme une
pointe mortelle enfoncée dans
les flancs de la France, qui ne
donnoit aucun repos à la Picardie, qui menaçoit la Seine même, & qui en tems de guerre
exigeoit de fi groffes contributions, qu'elle n'en étoit pas feu-
fement raffafiée, mais fe trou-

voit encore en eftat de fournir
aux befoins des Places Catholiques de fon voifinage, & de
faire fubfifter quantité de troupes, fervant à même tems d'a-
fyle à toute forte de Criminels.
Le Roy fenfiblement touché des
maux que caufoit cette Place
à une fi grande partie de fon
Royaume, voulut en toute maniere y apporter le remede. Il
ferma donc les yeux aux infultes des Imperiaux, comme nous
l'avons remarqué, & il forma
le projet de la prife de Cambray auffi bien que de Valenciennes, en faifant la conquefte
de Condé & de Bouchain. Depuis
la prife de ces deux dernieres
places il ne laiffa plus en repos
les Garnifons des premieres, il
oppofa des troupes à leurs courfes ; il défendit à fes fujets de
leur payer les contributions ; Il

fit tenir la Campagne au Baron
de Quincy pour enlever ou é-
carter leurs convois, & enfin il
fit fortir fes troupes des quartiers d'hyver dans une faifon fort
avancée, pour faire finir par le
fiege & par la prife de ces Villes
les caufes de tant d'inquietudes.

Par ce moyen il rétabliffoit le
repos de fon propre Royaume,
il fe mettoit en état de porter
la guerre dans les païs ennemis,
il démembroit une des plus confiderables parties de la Monar-
chie d'Efpagne, & il facilitoit le
progrés de fes armes.

D. Pedro Savala natif de Bif- *Garnifon
caye étoit Gouverneur de la & Offi-
Ville & de la Citadelle. C'eftoit ciers.*
un homme, qui avoit emplové
quarante années de fa vie au
fervice du Roy Catholique, &
que fon âge, & fon experience
au fait de la guerre faifoient fort
C vj

estimer. La Garnison estoit com-
posée d'environ mille chevaux,
& des Regimens d'infanterie de
Vaudemont, Molenberg, Tilly,
un Holandois, deux Espagnols
des vieux corps, & un Vallon.

*Disposi-
tions des
loges, &
quartiers.* Sa Majesté fit enfermer dans
les lignes la Ville & la Citadelle, On jetta divers ponts de
communication sur l'Escaut, &
les quartiers furent distribuez.
Le Roy choisit le sien à Avain
du côté de la Citadelle, & retint auprés de luy le Mareschal
Duc de la Feüillade : Le Mareschal de Lorges eut le sien à la
droite de celuy du Roy, au lieu
nommé Escaud'œuvres de l'autre côté de la Ville & Citadelle
vers la porte de Valenciennes;
Le Mareschal Duc de Luxembourg prit son quartier sur la
gauche, au-de-là du S. Sepul-
chre prés de Cantigneule, & le

Mareschal de Schomberg occupa tout le terrain qui est au-de-là de l'Escaut depuis Neuville jusques à Cantimpré.

Sa Majesté envoya le Baron de Quincy avec un corps de Cavalerie, du côté de Bavay dans le Haynaut au voisinage de Mons, tant pour s'opposer au secours, que pour troubler le commerce de ces places, & y observer les ennemis.

Precautions pour empescher le secours.

Le Prince d'Orange & le Duc de Villa-Hermosa voyant Valenciennes prise, & tous les desseins qu'ils avoient fait pour la secourir, inutiles, en formoient ensemble de nouveaux, pour s'opposer aux entreprises du Roy. Ils ne mettoient point en doute, que Sa Majesté ne fit le siege de S. Omer, & d'ailleurs ils ne pouvoient pas se determiner à secourir Cambray, soit

Preparatifs du Prince d'Orange & de Villa-Hermosa.

qu'ils s'imaginassent que cette place l'une des plus fortes de l'Europe, rendroit d'elle-mesme inutiles tous les efforts du Roy, soit qu'ils desesperassent de la pouvoir secourir, entourée comme elle estoit de Valenciennes, Condé, Bouchain, Doüay & autres places de cette importance : Quoy qu'il en soit ils donnerent rendés-vous à leurs troupes dans le terroir d'Asnest prés de Gant, & publierent que c'estoit pour s'opposer aux desseins qu'on pourroit avoir sur S. Omer, ou pour se vanger de la perte qu'ils venoient de faire, en assiegeant eux mesmes quelqu'une de nos places sur le Lys, ou de la Flandres Françoise.

Le Marquis de Louvois pourvoit à la seureté des places de la frontiere.

Ces menaces des ennemis obligerent le Roy d'écrire à Monsieur son Frere unique, de suspendre le Siege de S. Omer, jusqu'à nouvel ordre, S. M. envoya à mesme tems le Marquis de Louvois & la Gend'armerie dans la Flandres Vallonne, & sur le Lys, pour pourvoir à la seureté de ces places.

Cependant le Gouverneur de Cambray commença dés le 24. Avril à donner des marques de la vigoureuse défense qu'il prétendoit faire. Il fit sortir trois cens chevaux par les Portes de Selles, & Cantimpré, sur le quartier du Marefchal de Schomberg, separez en plusieurs bandes, afin qu'ils pûssent plus facilement reconnoistre les assiegeans sans en estre apperçûs, & mesme donner sur les plus avancez, si l'occasion s'en offroit. Ils n'eurent pas fait cent cinquante pas, qu'ils furent rencontrez par un petit nombre de Cavaliers sous la conduite du

Sortie des Assiegez.

Colonnel Rofe, qui les pouffa jufqu'à la paliffade, en tua quelques uns, fit des prifonniers; & y fut bleffé luy-même.

Les lignes eftant achevées par le travail affidu de la foldatefque & des payfans de Picardie, Sa Majefté refolut de faire ouvrir la tranchée le foir du 28.

Arrivée des Princes de Soiffons, de Mourgues. &c.

Quantité de Volontaires y arriverent, le Prince Thomas de Savoye Comte de Soiffons, le Prince Philippe Chevalier de Savoye, le Prince de Mourgues, &c.

Ouverture de la tranchée du côté des attaques.

On refolut de faire les attaques au quartier du Marefchal de Lorges, contre deux demy-Lunes, l'une qui couvre la porte de Valenciennes, & l'autre à côté gauche de la même porte. Sa Majefté fit monter la premiere garde en fa prefence par le Marefchal de Schomberg, le

Le Roy voit monter la premiere garde par le Marefchal de Schomberg.

Marquis de Refnel Lieutenant
general, le Comte de S. Geran
Marefchal de Camp, le Prince
d'Harcourt ayde de Camp,
M. de Rubentel Brigadier d'infanterie avec trois Bataillons des
gardes Françoifes, & fix Efcadrons fous Jauvelle Brigadier de
Cavalerie, fçavoir un des Gardes du Corps de Noailles, un de
Luxembourg, un des Moufquetaires blancs, un des Croattes,
un du Regiment Dauphin, &
un d'Orleans.

Le Roy fe détacha de fa fuite,
& voulut aller voir le commencement des travaux accompagné feulement du Chevalier de
Vandôme, & du Prince d'Harcourt. Les Affiegés firent grand
feu, mais ils ne tuerent que quatre de nos Soldats, qui furent
emportés d'un coup de canon
le matin du lendemain.

Le Roy
s'avance
vers la
tranchée.

Garde du Marefchal de la Feüillade.

Le foir du 29. la garde fut relevée par le Marefchal Duc de la Feüillade , la Cardonniere Lieutenant general , le Marquis de Tilladet Marefchal de Camp, le Marquis de Chiverny Ayde de Camp , Salis Brigadier d'Infanterie , avec deux Bataillons des Gardes Suiffes , & un de Salis , foûtenus par M. de la Fitte Brigadier de Cavalerie , avec deux Efcadrons des Gardes du Corps de Duras & Lorges , & quatre autres des Moufquetaires noirs, Dauphins , Orleans , & Croattes. Le matin

Batterie dreffée.

& le jour fuivant une Batterie qu'on avoit dreffé fur la riviere du côté de Neuville , & qui voyoit à découvert les fortifications de la Place qu'on avoit attaquées, commença d'incommoder beaucoup les Affiegés.

La nuit du 30. Mars au premier jour d'Avril la tranchée fut pouſſée à cent cinquante pas de la Contreſcarpe, ſans aucune perte. Le Mareſchal de Luxembourg eſtoit de jour, & avec luy le Comte d'Auvergne Lieutenant general, le Chevalier de Tilladet Mareſchal de Camp, le Marquis de Cavois Ayde de Camp, Tracy Brigadier d'Infanterie, avec trois Bataillons, deux des Gardes Françoiſes, & un de Salis ; & ſix Eſcadrons ſous d'Auger Brigadier de Cavalerie, deux de ces Eſcadrons eſtoient des Gardes du Corps de Noailles & Luxembourg, un des Mouſquetaires, un de S. Aignan, un d'Heaudicourt, & un de Bligny. Les Aſſiegés faiſoient cependant aſſés bien leur devoir. Ils allumoïent toutes les nuits des grands feux ſur le terre-plein de la Contreſcarpe pour pouvoir

Garde du Mareſchal de Luxembourg.

découvrir & ruiner, les travaux.

Sortie des assiegez.

Ils faisoient tous les jours des sorties, qu'ils n'auroient pas sans doute continuées, si les pluyes, n'eussent rendu le terrein fort glissant, & empesché la Garde de la tranchée de les couper, comme elle n'auroit pas manqué de faire. Ils y laisserent pourtant quinze prisonniers ; & un Ingenieur mécontent des Espagnols vint se rendre dans le Camp.

Garde du Mareschal de la Feüillade.

Attaque des demy-Lunes.

Le 2. Avril les travaux de la tranchée estant finis, le Roy fit attaquer les deux demy-Lunes. Le Mareschal de la Feüillade estoit de jour, avec le Comte d'Auvergne Lieutenant general, le Marquis de Tilladet Mareschal de Camp, le Prince d'Elbœuf Ayde de Camp, le Marquis d'Uxelles Brigadier d'Infanterie à la teste de quatre Bataillons des Regimens Royal, &

Dauphin, soûtenus par le Marquis de Buzenval Brigadier de
Cavalerie, avec un Escadron des
Gardes du Corps , & cinq Escadrons de Chevau - Legers.
Ces troupes n'emporterent pas
seulement les deux demy-Lunes,
elles s'emparerent encore de
l'Angle à corne du côté du
Fort de Selles. Les Assiegés se
défendirent avec beaucoup de
vigueur, & la prise de ces Postes
coûta cent Soldats aux Assiegeans, tant morts que blessés.

Le Commandant & les Offi-
ciers de la Ville voyant le 13. le
Mineur attaché au corps de la
Place, & apprehendant quelque
inconvenient pareil à celuy de
Condé, & plus fraîchement de
Valenciennes , ne crurent pas
devoir attendre l'effet de la mine, ny essuyer un assaut. Ils prirent le parti le plus seur ; & de-

Les assie-
gez de-
mandent à
capituler.

manderent à capituler. Le Gouverneur crut qu'il eſtoit de la prudence de conſerver à ſon Prince une Garniſon compoſée de ſes meilleures Troupes , & il ſe flatta meſme de l'eſperance de s'en ſervir pour pouvoir conſerver long-tems la Citadelle , pour en faire traîner le ſiege en longueur, & donner aux Confederés le tems de la ſecourir : pour arrêter le torrent des deſſeins & des conqueſtes du Roy ; & enfin pour faire perir ou affoiblir conſiderablement ſon armée. Ainſi la Capitulation fut demandée.

Tréve. S. M. accorda une tréve de 24. heures, & le Comte d'Auvergne receut les ôtages.

Garde du Mareſchal de Luxembourg. La garde fut relevée le ſoir du 3. au 4. par le Mareſchal de Luxembourg, le Duc de Villeroy Lieutenant general , le Chevalier de Tilladet Mareſchal de

Camp, le Chevalier de Vandôme Ayde de Camp, le Comte
de Tallard & Villechauve, l'un
Brigadier de Cavalerie, & l'autre d'Infanterie, avec quatre Bataillons moitié Alface & moitié
Fuziliers, & fix Efcadrons, un
des Gardes du Corps, & cinq
des Chevaux-Legers.

Le 4. le Marefchal de Luxembourg fut averti que M. de Ris
Commandant de la Cavalerie de
Cambray, & M. Couaruvias Meftre de Camp d'un Terze Efpagnol demandoient à parler au
Roy. Le Marquis d'Angeau les
introduifit dans la Tente de Sa
Majefté, qui leur donna fes ordres pour la retraite de la Garnifon dans la Citadelle. Ils abandonnerent premierement une
Porte de la Ville, enfuite les
emparts & les ruës, & laifferent
Cambray au pouvoir des François.

Les François s'assûrent de la Ville.

Ce fut le 5. que cet ordre s'e-
xecuta , tout s'y passa fort pai-
siblement. Deux Bataillons des
Gardes Françoises , un des Gardes Suisses , un de Salis , & un
Escadron des Gardes du Corps
s'assurerent de tous les Postes à
mesure que la Garnison les abandonna pour s'aller enfermer dans
la Citadelle. Les ôtages furent
rendus de part & d'autre ; & la
tréve cessa.

Privile-
ges , fran-
chises , &
capitula-
tion accor-
dée par Sa
Majesté.

Le Clergé & le Magistrat de
la Ville vinrent rendre l'homma-
ge à S. M. qui signa la Capitulation , & accorda aux Habitans les mesmes privileges
qu'elle avoit accordés à ceux
de Lisle en pareille occasion, &
au Clergé les mesmes franchi-
ses qu'avoit obtenuës celuy de
Tournay en 1667. permettant à
l'Archevesque de resider à Cambray , pourveu qu'il prétât le
                          serment

ferment de fidelité, comme il fit dans la suite.

Le Comte Ferreri Ambassadeur de Savoye, qui étoit arrivé le mesme jour dans le Camp, où il venoit resider auprés de Sa Majesté, luy témoigna au nom de leurs Altesses Royales la part qu'elles prenoient à ses heureux succez, & il en fut receu avec des marques particulieres d'estime.

L'Ambassadeur de Savoye se conjoüit avec S. M.

Le Cardinal d'Estrées s'y rendit aussi, logea avec le Cardinal de Boüillon, & rendit ses devoirs à Sa Majesté; & aprés quelque séjour il fut nommé pour ller relever son frere Ambassaeur à Rome.

Arrivée du Cardinal d'Estrées.

Monsieur estoit arrivé dés le 4. de Mars dans le Camp de landex avec son armée, & y voit disposé toutes choses pour e Siege de S. Omer. C'est une

Monsieur fait le siege de Saint Omer.

D

des principales places de l'Artois, & des païs-bas Espagnols,
considerable par sa situation, par
ses fortifications, par les incommoditez qu'elle donnoit à la
France, & par les contributions
qu'elle en tiroit. Elle troubloit
le commerce de Calais, divisoit
les païs conquis entre Dunkerque & Arras, & desoloit le Boulonnois. Le Roy s'estoit propo-
sé dés l'année passée de delivrer
ses Etats des maux que cette
place leur causoit. Sa Majesté se
prevalut en effet de l'occasion
du siege de Maëstrik, où l'armée des Confederez se trouvoit
engagée, & avoit ordonné au
Marquis de Louvois d'aller assister au siege d'Aire, que le Mareschal de Humieres, avoit entrepris, & cette place fut emportée en peu de jours, Sa Majesté pour couvrir les desseins

Comment
le Roy dis-
posa toutes
choses pour
en venir à
ce siege.

qu'elle avoit fur S. Omer dans
cette prife, témoigna qu'Elle
avoit fait ce fiege pour fe vanger de celuy de Maëftrik, &
ce fut fous le mefme pretexte
qu'elle fit prendre Link en même tems par le même Marefchal. Ayant enfuite fait lever le
fiege de Maëftrik par le Marefchal de Schomberg, Sa Majefté
ordonna au même Marefchal de
Humieres, comme Gouverneur
des Païs conquis en Flandres,
de fe rendre maître de tous les
poftes des environs de S. Omer,
& de luy ôter toute communication, en mettant quelques
troupes en campagne. Tout cela fut ponctuellement executé.
Ce Marefchal fit fortifier le Château de Caffel, & envoya au
mois de Mars de la nouvelle
année, M. de Mommont Capitaine aux Gardes & Brigadier

d'infanterie, se saisir de Nieulet, le Bac, Momelin, Clair-marais, & autres postes des environs. Ce fut en cette occasion que le Comte de Genlis fut tué forçant une redoute à la teste du Regiment de la Couronne dont il étoit Colonnel. Ayant ensuite laissé le commandement des troupes à la Motte Mareschal de Camp, il s'estoit rendu au Camp du Roy, où il fit connoître à S. A. R. sous qui il devoit commander, l'état où il avoit laissé les choses.

Histoire, fortifications, & avantages de Saint Omer.

S. Omer Capitale de l'Artois Espagnol est situé sur le fleuve Aa. Elle est fortifiée de Murailles, Bastions, demy-Lunes, Fossés, Marais, & Lacs, où il se trouve des petites Isles flotantes. On croit par tradition dans le païs que c'est là cette fameuse plage Iccie, où Cesar s'embarqua pour aller porter la guerre en Angle-

térre, & ils veulent que le fa-
ble & le gravier qui s'y voit foit
une marque affeurée, que l'O-
cean portoit autrefois fes flots
jufques là. Lè lieu s'appelloit au
commencement Sithieu, il chan-
gea de nom, & de fimple Château qu'il eftoit il devint Cité
du tems de S. Omer Evefque de
Terroüanne. Le peuple qui l'habite, les richeffes dont elle abon-
de, un Canal pour le commerce
nommé la Foffe-neuve, & l'Abbaye de S. Bertin la rendent autant celebre, que les armes &
fes forces.

Il y avoit dans la Place une
garnifon de deux mille Fantaf-
fins, & cinq cens chevaux, outre la milice & Bourgeoifie. Saint
Vegnant y commandoit, mais le
Prince de Robek, comme Gouverneur de l'Artois Efpagnol, y
tenoit la premiere place.

Garnifon
& Com-
mandans.

D iij

Quartiers occupez par Monsieur, avec quel'es tioupe & Officieis.

Monsieur ayant visité les postes & investi la Place distribua les Quartiers. Il prit le sien, dit le Quartier general, à Blandek ; & y retint auprés de luy le Mareschal de Humieres, le Comte du Plessis Lieutenant general, Stoupp Mareschal de Camp, avec deux Bataillons de Navarre, un de Humieres, deux de Phiffer ; & deux Escadrons de S. Germain Beaupré, & un de Vains. Il posta au passage d'Arques le Prince de Soubise Lieutenant general, M. d'Albret Mareschal de Camp, d'Aubarede Brigadier, avec deux Bataillons d'Anjou, & deux des Vaisseaux. A Clairmarais un Bataillon de Conty sous M. de Lare Mestre de Camp. A Chasteau-Vieux, sur le vieux Canal, six Compagnies des Dragons Dauphins. A Nieulet la Motte Mareschal

dé Camp, avec deux Bataillons
de Greeder, un de Phiffer, six
Compagnies de Dragons du Colonnel general, un Escadron du
Regiment d'Aumont. Au Fort
de Bac un Bataillon de Greeder.
A S. Momelin un Bataillon de la
Couronne sous le Chevalier de
Genlis, que le Roy avoit grati-
fié du Regiment de son frere.
A Tilque, le Marquis de la
Trousse Lieutenant general, le
Chevalier de Sourdis Mareschal
de Camp, le Marquis de Bordages Brigadier, avec un bataillon du Royal Roussillon, &
deux Italiens. A Oüatte un Bataillon de la Couronne, à Tattinghen la Frezeliere Lieutenant
general de l'artillerie, avec le
Regiment de Touraine, qu'il
commande, & le Regiment de
Cavalerie de Bordages. A Vis-
que six compagnies de Dragons

D iiij

Dauphins fous M. De Longueval. A Viferne deux Efcadrons,
de Gournay, qui comme Brigadier de Cavalerie commandoit
toute celle qui fervoit au fiege.

On ne
preffe pas
le fiege.

Ainfi fans tirer des lignes Saint
Omer ne laiffa pas d'eftre invefti.
Monfieur vouloit d'abord en venir aux attaques, mais fon armée eftant encore foible ; & le
grand circuit de la place, & les
Marais demandant un beaucoup
plus grand nombre de troupes,
il fe vit obligé d'attendre d'autres battaillons & les ordres que
le Roy luy devoit envoyer ;
comme auffi l'artillerie que les
pluyes avoient empefché de fe
rendre au camp jufqu'àlors. Il
fit cependant emporter la redoute de Coleure & quelques
autres poftes, & s'attacha à affeurer la communication des quartiers, pour empefcher le fecours.

Lè 28. Mars le Duc d'Aumont, Gouverneur du Boulonnois envoya un grand convoy, & se rendit ensuite luy-même au camp de S. A. R. avec force munitions de toute sorte, plus de deux mil hommes de pied, & de cinq cens chevaux de milices aguerries de son Gouvernement. Monsieur renforça les Quartiers de Clairmarais, & Nieurlet avec cette infanterie, & celuy de Tilque avec la Cavalerie.

Secours conduit par le Duc d'Aumont.

Ce secours, & l'arrivée de l'Artillerie firent prendre à Monsieur la resolution d'insulter le Fort des Vaches, qui couvroit les endroits les plus foibles de la place. Ce Fort est à côté de la porte du Pont d'enhaut, & il estoit défendu par quatre cens Valons. Le 29. on dressa une batterie de quatre pieces de Canon pour le battre en ruïne, &

Attaque & description du Fort des Vaches.

D. v

on fit un logement pour la soû-

Sortie des Aſſiegez.

tenir. La nuit du même jour les Aſſiegez firent une ſortie vigou-reuſe à deſſein d'encloüer le Ca-non, & renverſer le logement. M. d'Albret Mareſchal de Camp, avec quatre cens hommes du Regiment de Navarre, conduits par ſon Lieutenant Colonnel le Chevalier de Souvray, aprés un combat opiniâtré, obligea les Aſſiegez à rentrer dans la place, les pourſuivant juſqu'à la con-treſcarpe. D'Albret eut un Che-val tué ſous luy en cette occa-ſion, & y perdit environ vingt hommes : Les Aſſiegez en perdi-rent au double, tant morts, bleſ-ſez, que priſonniers, le plus con-ſiderable deſquels fut l'Ayde-ma-jor & quelqu'autre Officier du Regiment Vallon, qui furent faits priſonniers à vingt pas de la Contreſcarpe.

Monsieur receut enfuite dix bataillons & quelques efcadrons que le Roy luy envoya, & le 2. Avril Sa Majefté luy manda de faire ouvrir la tranchée. S. A. R. deftina deux attaques, une à Tattinghen contre un Angle à corne l'endroit le plus fort de la place, & l'autre au Fort des Vaches.

Secours envoyé à Monfieur, du Camp du Roy.

Le foir du 4. au 5. Monfieur fit monter la garde en ouvrant la tranchée par le Comte du Pleffis Lieutenant general, M. de la Motte Marefchal de Camp, M. d'Aubarede Brigadier d'infanterie, avec deux bataillons de Navarre, qui furent mis à la droite de la tranchée, & deux de la Frezeliere ou Touraine & Phiffer à la gauche, foûtenus de quatre efcadrons de Gournay & Vains ; & au même temps la tranchée fut auffi ouverte au

Ouverture de la Tranchée, & Garde du Comte du Pleffis.

Fort des Vaches. Les affiegez
ne s'apperceurent de ces attaques que le matin, & ne manquerent pas d'abord de cannoner

Mort du Colonnel Vains. le Camp, le Colonnel Vains fut
tué faifant fon devoir à la tête de
fon Efcadron.

Garde du Marquis de la Troufle. La nuit du 5. au 6. la Garde
fut relevée par le Marquis de la
Troufle Lieutenant general,
Stoupp Marefchal de Camp avec
les Regimens d'Anjou & Italien Magalotti. La Frezeliere
avoir dés le matin fait mettre
en eftat dix pieces de Canon au
quartier de Tattinghen, qui
joüoient avec affez de fuccez ;
& il difpofa une autre batterie
de quatre pieces contre le Fort
des Vaches.

Garde du Prince de Scubize. Du 6. au 7. le Prince de Soubife Lieutenant general fut de
jour avec le Chevalier de Sourdis Marefchal de Camp, à la tefte

dé quatre bataillons deux du Regiment de la Reyne, & deux des Vaiſſeaux.

La nuit du 7. au 8. M. d'Albret fut de garde à la tranchée aux attaques de Tattinghen. D'autre part le Comte du Pleſſis, avec les Bataillons de Navarre, d'Anjou, & Italien, ſoûtenus par les Dragons Dauphins, inveſtit le Fort des Vaches du côté de la porte dite des Eaux. Monſieur trouva bon de tanter cette attaque, ſur ce que le Fort eſtoit déja fort maltraité du Canon, & incommodé par quelque lògement qu'on y avoit fait. Les Aſſiegez, qui le croyoient encore en eſtat de ſe défendre, s'imaginerent que c'eſtoit une fauſſe attaque. Mais les Dragons commandez par M. de Longueval, & par le Chevalier de Quevilly ſon Lieutenant, mi-

Attaque & priſe du Fort de Vaches.

rent pied à terre , & l'emporterent l'épée à la main , tuant tout
ce qui voulut leur refifter , &
faifant prifonniers une centaine
des ennemis qui demanderent
quartier. Le Colonnel Phair-
faix l'un de leurs meilleurs Officiers y fut tué fur la place , &
Quevilly y fut bleffé combat-
tant vaillamment. Cependant
le Comte du Pleffis , avec les Bataillons que nous avons nommez,
fe jetta du côté du haut pont,
mais les canaux qui traverfoient
cét endroit-là s'óppoferent à fon
paffage , Il auroit mis la terreur
dans la Ville fans cét obftacle,
en luy oftant toute efperance de fecours par Nieurlet &
le Bac , & l'auroit reduite à la
même extremité , où s'eftoit
trouvée Valenciennes dans l'attaque de l'Ouvrage couronné.

Conful-
tations &
Les Chefs & les Generaux des

Païs-bas ne perdoient pas un mo- preparatifs des Confederez. ment, pour refifter au torrent des conqueftes de la France. Le Prince d'Orange ayant affemblé fon infanterie & cavalerie Hollandoife dans la Flandres Teutonne, fe trouvant encore renforcé des Regimens d'Holftein, d'Orsbek, & autres Hollandois, qui fervoient dans Tréves, & enfin avec une armée d'environ douze mil Chevaux, & de quarante bataillons, dont le moindre étoit de huit cens hommes, s'étoit rendu à Anvers avec le Duc de Villa - Hermofa pour concerter avec luy les moyens de fauver leurs Provinces d'un entier naufrage, ou de remettre les Flamands par quelque effort confiderable de la confternation où ils eftoient.

Le Roy n'ignoroit pas que les Le Roy deftine un fecours à Monfieur. forces des Confederés eftant

beaucoup plus grandes que celles de l'Armée qu'il avoit donnée à Monfieur, ils pouvoient
facilement entreprendre quelque fiege, ou aller à Monfieur
pour le forcer à lever celuy de
S. Omér. Pour prevenir toutes
leurs entreprifes, il fit partir de
fon Camp la Cardonniere Commiffaire general de la Cavalle-
rie & Lieutenant general, avec
vingt-fix Efcadrons, dans le
deffein de laiffer repofer quelques jours ces Troupes dans des
quartiers de rafraîchiffement,
S. M. envoya enfuite le Marefchal de Luxembourg, avec les
deux Compagnies des Mouf-
quetaires, & neuf Bataillons
fous Tracy, & ordre au premier de réünir toutes ces troupes, enfemble la Gend'armerie,
qui avoit déja paffé à Lifle, &
autres renforts, pour aller faire

reste aux Ennemis, couvrir Monfieur pendant qu'il finiroit le fiege , & donner tems au Marquis de Louvois de pourvoir entierement à la seureté des Places de la frontiere , comme Lifle , Courtray ; & autres, dans lefquelles il difpofoit les chofes à une longue défenfe , au cas qu'elles fuffent attaquées.

Monfieur de fon côté envoya auffi par précaution un Bataillon à Bergues , & un autre à Dunkerque , pour mettre ces deux Places maritimes en état de fe bien défendre.

Toutes ces precautions des François embarrafferent apparemment le Confeil qui fe tenoit à Anvers. Les Confederés confidererent , que le Roy venant à fe rendre maître de Cambray , dont le fiege étoit fort avancé , & Monfieur de Saint

Omer , S. M. pouvoit enfuite
venir à eux apres avoir réüni
toutes fes forces , & les forcer
ou à une bataille, ou à lever un
fiege s'ils l'avoient entrepris ,
ainfi qu'il leur étoit arrivé dans
la mefme Province fous Oude-
narde , quoy qu'ils fuffent beaucoup plus forts , à caufe des
Imperiaux qui les avoient joints.

Deliberations des Confede-rés contrai-res à leurs propres maximes.

Ainfi le Confeil fembloit ne
pouvoir que tomber dans le fen-
timent du Prince d'Oranges,
qui vouloit troubler l'entreprife de S. Omer , fe flattant d'y
trouver une occafion affés facile de fe vanger de la levée
du fiege de Maëftrik , dont les
François l'avoient chaffé , à la
veille d'un triomphe qui lui
avoit paru certain. Mefme comme il avoit toûjours efté malheureux dans les fieges , il fou-
haitoit de tenter l'avanture d'u-

ne bataille, où il fe promettoit plus de bonne fortune.

Les Efpagnols ordinairement contraires aux refolutions de prendre le hazard d'un combat, étoient d'avis en cette occafion que le Prince d'Oranges pouvoit le donner s'il trouvoit quelque conjoncture favorable. Il n'y avoit rien là à hazarder pour eux, il ne s'y agiffoit ni de la reputation de leurs armes, ni de la perte de leurs Troupes, & ils pouvoient aux dépens des autres conferver leurs Etats par une bataille, ou en arrefter l'entier bouleverfement. Les Holandois auffi ne s'y oppofoient pas, & fuppofoient toûjours en càs d'un revers, qu'ils étoient couverts des Païs-bas Catholiques, contre lefquels ils voyoient bien que le Roy porteroit fes armes avant que d'aller à eux.

Pourquoy les Efpagnols confentent à une batail.

Mais pour ne perdre pas de veuë si long tems ce qui se passoit devant Cambray, Savala qui s'étoit retiré dans la Citadelle avec toute la Garnison, fit mettre une partie des chevaux dans les fossés, le corps de la Place ne pouvant les contenir tous, fit tuër ceux qui lui étoient inutiles, & se disposa avec sa Garnison à une défense vigoureuse. Comme il se trouvoit d'ailleurs aussi bien pourveu de toute sorte de munitions que de soldats, & dans un lieu dont la nature & l'art avoient rendu la situation si terrible dans l'opinion vulgaire, on ne doutoit point dans tout le Païs-bas que cette Forteresse ne fut le cimetiere de tous les François qui s'attacheroient à la vouloir prendre. En effet, Bis qui commandoit la Cavalerie disoit avec assurance au Marquis d'Angeau , lors qu'il fut presenté à S. M. pour la capitulation de la Ville, que la Citadelle arréteroit le Roy tout l'Esté : Il ne voulut pourtant pas accepter le défy que le Marquis lui fit , de parier avec lui dix mil écus, qu'elle ne resisteroit pas jusqu'au milieu du Printems , qui étoit déja beaucoup avancé.

Ainsi le 5. Avril , les ôtages rendus & la tréve finie, le Roy fit barricader la Ville du côté qui regarde la Citadelle , & les ruës qui y aboutissent , & fit dresser deux Batteries , une sur le rempart de la Ville , & l'autre dans le Camp au quartier u Mareschal de Lorges. Ces eux Batteries devoient seconer les deux attaques qui se deoient faire l'une par l'esplanae, & l'autre à côté de la Porte

Cessation de la tréve.

Batteries dressées.

Attaques où disposées.

de Valenciennes, contre les deux Baftions , & les demy. Lunes de la Citadelle, qui ont leur afpect du côté de la Ville. Le mefme foir, on ouvrit la tranchée quaſi de la mefme maniere qu'on avoit déja fait, avec cette feule difference, que le Roy ne voulut pas permettre qu'il y euſt plus d'un Officier general à chaque garde. Comme S. M. n'avoit plus une armée ſi nombreufe , à caufe des détachemens qu'Elle avoit fait pour fortifier celle de Monſieur , & que la Place aſſiegée étoit meurtriere , Elle prenoit toute forte de moyens pour conferver fes Soldats , & ne vouloit pas preſſer l'entreprife , defirant bien plûtoſt facrifier le tems à ce fiege que fes troupes. Cette premiere nuit les Aſſiegés témoignerent une grande vigueur, &

Ouverture de la tranchée.

Le Roy épargne fes Soldats.

tuerent ou blefferent avec leur artillerie plus de vingt-cinq foldats à la garde de la tranchée.

Le 6. le Marquis de Louvois revint des places conquifes au camp, apres les avoir mifes en état de n'apprehender pas les infultes des Confederez. Le Duc de Villeroy fous le Marefchal de Schomberg occupa le quartier du Marefchal Duc de Luxembourg, qui eftoit party pour aller favorifer l'entreprife de Monfieur, ainfi qu'il a efté dit. Le foir les affiegez firent deux forties pour renverfer les travaux, mais ils furent toujours repouffez, & ne pûrent pas empefcher qu'on ne pouffât la tranchée jufqu'au glacis de la contrefcarpe.

Le matin du 7. le Comte d'Auvergne eftant de jour fut bleffé à la tête d'un éclat de Canon.

Retour du Marquis de Louvois au camp.

Le Duc de Villeroy tient le quartier du Marefchal de Luxembourg.

Sorties des Affiegez.

Le Comte d'Avergne bleffé.

Vigny Capitaine des Bombardiers ayant mis plusieurs Mortiers en état, jetta toute la nuit suivante une infinité de Bombes & de Carcasses sur la Citadelle; elle en fut foudroyée, tous ses toits abbatus, & un magasin de Grenades consumé. Ceux de la Citadelle tâcherent de répondre de la même maniere, & en jetterent quantité dans la Ville & dans le Camp, mais soit que la matiere en fut vieille, ou qu'elles fussent mal adressées, elles n'eurent pas grand effet. Le 8. les Bombes & Carcasses continuant à foudroyer la Citadelle, ruïnerent d'autres magasins, abbattirent le corps de garde qui est vers la porte de la Citadelle, & les assiegez furent obligez de se retirer dans les Casemattes; & le 9. on acheva la communication des travaux.

Le

Le 10. une autre batterie dreſ-
ſée ſur les remparts à la gauche Autre batterie.
de la Ville, commença encore
à tirer ſur la Citadelle. Le Marquis de Reynel Lieutenant gene- Mort du
Marquis de
de Reynel.
ral, Meſtre de Camp general de
la Cavalerie legere, homme d'il-
luſtre naiſſance & d'un grand ſervice, & particulierement eſtimé
pour ſon experience au métier de
la guerre, fut tué d'un coup de
canon, pendant qu'il s'entrete-
noit avec le Duc de Villeroy.

Le 11. les communications, &
les places d'armes étant établies, on ſe prepara à l'attaque
de la demy-Lune, qui couvre
le Baſtion oppoſé à l'Angle de
la Ville vers la porte de Valenciennes. Les aſſiegez previnrent
cette attaque par une grande & Sortie vigoureuſe.
vigoureuſe ſortie avec cavalerie
& infanterie, mais ils furent repouſſez par les Marquis de Tilla-

E

det Marefchal de Camp, & d'U-
xelles Brigadier, qui fe trouvoient de Garde à la tranchée.
Prife de
la demy-
Lune. Le Marquis d'Harcourt-Beuvron fe fervit de ce tems-là par
ordre du Roy & de l'Officier
general qui commandoit, pour
emporter la demy-Lune avec le
Regiment de Picardie : Cham-
pereux & Courtenin avec un
nombre de foldats de ce Regiment, fe logerent dans la gorge
de la demy-Lune. Le terrein y
fut aflez bien difputé, & les
afliegeans y perdirent plus de
cent hommes, tant morts que
bleffez.

Prife de
la contref-
carpe. La nuit du 11. au 12. le Marefchal de Schomberg releva la
Garde. Il attaqua la contrefcarpe par ordre du Roy, avec les
bataillons des gardes & d'autres
Regimens, & y fit un logement.
Le Combat fut opiniâtré, &

coûta beaucoup d'Officiers &
de Soldats aux deux partis, il
y demeura entr'autres six Offic-
ciers des Gardes, du Rouvray
Baron d'Arcancy, d'Arnou, le
Chevalier de Courtenay, Sau-
tour, Leger, & Parfait ; le Chevalier Boïn & Constantin y furent blessez.

Le jour d'aprés on commença
de percer avec le Canon le Ba-
stion du côté gauche de la Ville,
pour le pouvoir miner aprés. On
dressa aussi une autre batterie, *Autre bat-terie.*
pour battre en ruïne les flancs,
& les Caponnieres. On travailla
ncore à un logement & à quel-
ues places d'armes, pour met-
re les mineurs à couvert.

Le Roy étoit cependant en *Nouvelle de la Ba-taille de*
uelque peine touchant le suc- *Cassel por-*
ez de l'entreprise de S. Omer. *tée au Camp.*
l recevoit des courriers à toute
eure, qui luy apprenoient que

E ij

le Prince d'Oranges, à la tête
de la plus floriſſante Armée,
qu'euſſent encore mis ſur pied
les Etats Generaux, s'approchoit
de Monſieur avec grande diligence, Mais ce matin le Marquis d'Effiat premier Ecuyer de
S. A. R. qu'elle luy avoit ex-
preſſément dépeſché luy porta
la nouvelle de la Victoire qu'elle
avoit remportée ſur les Hollandois.

Monſieur s'eſtant rendu maître du Fort des Vaches, le 7.
comme nous l'avons déja remarqué, ſceut par les partis qu'il
détachoit de ſon camp pour ob-
ſerver le Prince d'Oranges, que
ce Prince avoit quité Ipres avec
toute ſon Armée, & qu'il venoit à Poperinghen, Il reſolut
d'aller à ſa rencontre avec ſes
troupes ; & quoy qu'il ſe vît
beaucoup plus foible, il ne vou-

lut pas pourtant abandonner le terrein qu'il avoit gagné sous cette place. Il laissa donc à la garde du Fort des Vaches, & pour continuer les attaques de ce côté là, le Marquis de la Trousse Lieutenant general, & Stoupp Mareschal de Camp, avec un Bataillon de Bourgogne, un de Languedoc, un de la Marine Royal, un de Roussillon, & quelques Escadrons de Bordages, & de Cavalerie Boulonnoise. Il mit au Bac, Nieurlet & Oüatres, un Bataillon de Phiffer, un de Greeder, des Dragons, & le reste des milices Boulonnoises. Et s'estant ainsi assuré de divers postes autour de la Place, il sortit des lignes le matin du 9. Il envoya d'abord à Bergues pour avertir le Duc de Luxembourg de le venir joindre, & à un de-

E iij

my quart de lieuë du Camp fur l'éminence d'Arques il trouva la Cardonniere avec vingt-fix Efcadrons, & avec luy M. de S. Poüange. Il continua fa marche jufques à une hauteur qui eft entre Caffel & l'Abbaye d'Oüattine, où il campa. Le matin du 10. fon Armée fut renforcée par le Marquis de Livourne, avec la Gend'armerie, Revel avec fa Brigade de cavalerie, & le foir de Tracy avec neuf Bataillons.

Monfieur range fon Armée en bataille.

Monfieur fe trouvoit à la tête de vingt-cinq mil combattans, feize mil hommes d'Infanterie, & neuf mil chevaux. Il commença à reconnoiftre fon camp & les poftes ; & apprenant la diligence avec laquelle le Prince d'Oranges venoit à luy, il mit fon Armée en bataille en deça d'un petit ruiffeau nommé de Péne.

Il donna le Commandement de
l'aîle droite, qu'il avoit placée
entre Caffel & Oüattine, dans
le champ d'Ablinghen, au Marefchal de Humieres, & mit auprés de luy pour Lieutenant general la Cardonniere, & le
Chevalier de Sourdis pour Marefchal de Camp. Il donna l'aîle gauche, qui s'étendoit au de-
là de Bufcure, au Marefchal
Duc de Luxembourg, & ce Marefchal eut pour Lieutenant general le Comte du Pleffis, & pour
Marefchal de Camp M. d'Albret, & il donna enfin la feconde ligne de l'aîle gauche au Prince de Soubife avec ordre de profiter des occafions qui pourroient
fe prefenter de combattre. On
verra mieux l'ordre de bataille
qu'il tint dans le Feüillet qu'on
a fait mettre icy, que dans un
plus long difcours.

E iiij

Le Prince d'Oranges avoit receu des avis du Prince de Robek, qui l'affuroit que Monfieur
n'avoit pas avec luy plus de
quatorze mil hommes, qu'il
n'avoit fait aucunes lignes de
circonvallation & contrevallation, & que fi fon Alteffe diffe-
roit plus long tems de fecourir
Saint Omer, il n'y feroit plus à
tems, parce qu'il devoit venir
du Camp du Roy quantité de
troupes pour renforcer celles de
Monfieur. Toutes ces raifons
obligerent le Prince de partir
d'Ypres avec fon armée qui faifoit trente mil combattans, &
de venir camper le foir du 9. à

L'Armée
du Prince
d'Oranges
en prefence
de celle de
Monfieur.

Marie-Capel. Il apprit là que
les François n'en eftoient pas à
une lieuë; il mit fon armée en
bataille, & le 10. à midy fon
armée fut en prefence de celle
de Monfieur fur cinq colonnes;

elle eftoit fur la gauche de Caffel, & au-delà du Ruiffeau des
Pénes. Il fit faire alte à fon aîle
droite prés des Moulins de Tom-
bes, poftes contigus au Village
de Pénes, & à fon aîle gauche
vers le Village de Bauvincourt.
Il feroit difficile de defcrire la
belle montre que cette armée
faifoit ; il eft certain qu'elle é-
toit compofée de plus de douze
mil chevaux, & vingt mil hommes de pied, fans un autre gros
de cinq ou fix mil chevaux,
qu'on attendoit de moment en
moment fous la conduite du
Comte de Naffau General de la
Cavalerie des Eftats. Les autres
Officiers principaux fous S. A.
eftoient le Comte de Waldek
Marefchal de Camp general, le
Comte de Horn General de l'Artillerie, Van-Webbenem Major
general, & Montpoüillan Sergent
Major.   E v.

Troupes
dont elle
eftoit com-
pofée.

Les Offi-
ciers prin-
cipaux.

Premieres entreprifes du Prince.

La premiere chofe que le Prin-ce voulut entreprendre , ce fut de fecourir S. Omer du côté du Bac , qui paroiffoit l'unique voye pour cela. A cet effet il commanda à fes Dragons de fe faifir de l'Abbaye de Pénes, voulant par cette action cou-vrir la marche qu'il pretendoit faire fur la droite.

Le Maref-chal de Lu-xembourg s'y oppofe.

Monfieur, qui voyoit les En-nemis s'étendre vers leur droi-te , ordonna au Marefchal de Luxembourg de pofter les Dra-gons de Sainfandoux, & la Ca-valerie de fa feconde ligne, au Moulin de Balamberg, pour leur couper le chemin d'Oüatte , en cas qu'ils vouluffent s'avancer de ce côté là ; & enfuite appre-nant que les Dragons d'Oran-ges fe faififfoient du paffage & Abbaye de Pénes, il envoya les Dragons de Liftenoy & le Re-

giment Lyonnois pour les en
chaffer, mais le Prince les ayant
renforcés de quelque infanterie,
il se commença en cet endroit
une escarmouche qui dura juf- Escarmou-che,
qu'au soir, que le Marefchal de
Luxembourg les contraignit de
se retirer, demeurant maître du
Poste, & y laiffant des Soldats
avec un Sergent pour le gar- Deffein de Monfieur,
der. Monfieur vouloit faire l'at- Pourquoy il ne l'exe-cuta pas,
taque generale dans le mefme
tems, mais l'avantage du terrain
que les ennemis occupoient, le
paffage de deux ruiffeaux, & le
jour qui alloit manquer l'obligerent à differer.

Le matin du 11. le Prince d'O-
ranges reconnut bien qu'il é-
toit engagé à donner bataille.
Le jour auparavant il avoit
trouvé fermés tous les paffages
pour le fecours de S. Omer; il
fe croyoit beaucoup plus fort

E vj

de troupes que Monſieur, parce qu'il ignoroit encore l'arrivée du ſecours dans l'armée de Son Alteſſe Royale ; & quand il l'auroit ſceu, il auroit eſté honteux pour luy & pour les Eſtats Generaux de ceder le Poſte. Il ſe reſolut donc d'engager l'occaſion, il paſſa le premier ruiſſeau, fit avancer l'artillerie, & inſulta de nouveau l'Abbaye de Pénes, y logeant partie de ſes Dragons ; il poſta dans certaines broſſailles auprés du Moulin pluſieurs Eſcadrons de ſes propres Gardes, pour ſoûtenir divers Bataillons, qui à la faveur du canon & des hayes devoient luy ouvrir les chemins pour venir au ſecond ruiſſeau, au delà duquel l'armée Françoiſe étoit campée.

Le Prince d'Orange ſe reſout a donner bataille.

Il paſſe le premier ruiſſeau,

N...elle et a...de I...es.

Monſieur qui obſervoit tous ces mouvemens, étoit dans une

Monſieur accepte la bataille.

grande impatience d'en venir
aux mains, non tant en veuë de
sa propre gloire, que des avantages qui en reviendroient à S. M.
Il voyoit bien que si le Prince
se fût contenté de luy tenir
teste sans engager un combat,
il pouvoit tirer les choses en
longueur , & rendre peut-estre
inutile par ce seul moyen l'entreprise de S. Omer. Il voyoit
bien aussi qu'il avoit le desavan-
tage du terrain , & de moindres
forces ; mais la raison que nous
venons de dire luy faisant fermer les yeux à toutes les autres,
emporté par son propre courage , ayant beaucoup de confiance en ses troupes , qui témoi-
gnoient toutes un grand desir
de bien faire, il fit d'abord toutes les démarches d'un General,
qui ne refuse pas le combat. Il
opposa donc dés les neuf heu-

res du matin aux Hollandois qui s'avançoient, les deux Bataillons d'Anjou, vis à vis le pont du ruisseau, & ordonna que de l'aîle droite on conduisît au même endroit l'artillerie, qui cannona le corps de bataille des Ennemis jusqu'à deux heures après midy. Il ordonna encore au Mareschal de Luxembourg de reprendre l'Abbaye de Pénes, qui étoit du côté de l'aîle gauche que ce Mareschal commandoit. Ce Poste estoit un passage seur aux Ennemis pour s'avancer, & estoit de la derniere importance. Le Mareschal executa cet ordre avec les Regimens Royal, & de la Couronne, un Bataillon de Stoupp, les Dragons de Listenoy & autres Troupes, & quatre pieces de canon. Les Hollandois, apres une longue resistance, furent

Pénes repris par Luxembourg.

enfin obligés d'en déloger, comme ils firent, apres y avoir mis le feu, pour le rendre inutile aux deux Partis.

Cependant S. A. R. apprit que l'ennemy abandonnant avec la meilleure partie de son Armée la hauteur qui est au-de-là du ruisseau qui vient de Cassel, & s'avançoit vers le ruisseau de Pénes, avec dessein apparemment de le passer, & de combatre. Cela l'obligea d'envoyer le Chevalier de Clinvilliers avec quelques Officiers pour reconnoistre de prés le front de l'Armée ennemie, qui paroissoit assez foible à l'endroit où elle faisoit face à nôtre aîle droite. Le Chevalier luy vint rapporter, qu'il y avoit en cét endroit un pont de pierre sur lequel on pouvoit passer, puisqu'il n'étoit point gardé; & qu'il n'avoit veu au-de-là de

Méchant mouvement d'Oranges.

Monsieur envoye reconnoître les passages.

ce pont que quelques Efcadrons
foûtenus de Bataillons mal for-
mez, qu'il étoit facile de rompre. Ce mouvement du Prince
d'Oranges, & cét état de ces
troupes offrit une trop belle occafion de vaincre, pour eftre ne-
gligée, & Monfieur ne manqua
pas d'en profiter.

Son Armée avoit changé quelque chofe dans l'ordre de bataille, par les mouvemens auf-
quels la difpofition du terrain,
& l'occafion l'avoit engagée.

Quelques Dragons de la droite eftoient paffez à la gauche,
& plufieurs bataillons de la feconde ligne s'étoient avancez
jufqu'à la premiere. Monfieur ne
fe fervit pas feulement des Officiers de l'Armée & des Aydes
de Camp pour donner fes ordres, & obferver les mouvemens
des Armées, il employa auffi les

Gentilshommes de fa Maifon, les
uns avoient ordre d'aller â divers endroits, les autres de demeurer fermes en certains poftes particuliers , & une partie
étoit auprés de fa Perfonne.
Les plus confiderables de ceux-
cy eftoient le Chevalier de Beu-
vron Capitaine de fes Gardes,
le Marquis d'Effiat premier Ef-
cuyer , le Marquis de Pluvault,
le Chevalier de Nantoüillet ,
M. de Grave , & plufieurs autres, dont nous reffouviendrons
dans la fuite.

Il n'eftoit pas plus de deux
heures apres midy, Quand Monfieur, qui avoit pris fes refolutions , envoya dire au Marefchal
de Humieres de s'avancer vers le
front de l'Armée ennemie , avec
ordre de la combatre s'il en trou-
oit l'occafion favorable. Le
arefchal ayant reconnu le

Monfieur ordonne au Marefchal de Humieres de commencer le combat.

Pont de pierre , & divers endroits du ruiſſeau faciles à paſſer , fit ſçavoir à S. A. R. par Chanlay Mareſchal de logis bon Officier , & qui entend bien la guerre , qu'il avoit trouvé là rangeant les Dragons du Colonnel general , qu'il alloit commencer le combat avec ſon aîle droite , parce que l'occaſion ne pouvoit pas s'en offrir meilleure. Et paſſant en effet le ruiſſeau il ſe preſenta devant l'aîle gauche du Prince d'Oranges , Il avoit avec luy la Gend'armerie & les Mouſquetaires du Roy , & il s'étoit fait ſuivre par deux bataillons de Navarre , dans le deſſein de gagner les hayes & jardins au milieu de la premiere ligne des ennemis. Il ſe trouva d'abord dans deux gros Bataillons Hollandois , ſoûtenus par neuf Eſ-

Occaſion dangereuſe cadrons de Brederodes , Kinskel,

& autres, pour s'en débarraſſer
il commanda aux deux Bataillons de Navarre, & aux Mouſquetaires de les attaquer, faiſant
mettre pié à terre aux derniers.
Dés que les Hollandois virent
paroître les habits rouges, c'eſt
ainſi qu'ils appellent les Mouſquetaires, on entendit le Commandant d'un bataillon d'Oalkembourg, qui animoit les Soldats à ſoûtenir vigoureuſement
le choc de ceux-cy, apres quoy
la victoire leur ſeroit facile :
Mais ny les perſuaſions des Officiers ennemis, ny la tempeſte de
deux décharges de mouſquet,
qu'il falut eſſuyer à la portée du
piſtolet, n'empeſcherent pas les
Mouſquetaires d'enfoncer l'é-
pée à la main, le Regiment qui
leur eſtoit oppoſé, pendant que
Navarre renverſoit l'autre. A-
pres la defaite de cette infante-

Valeur
des Mouſ-
quetaires
ils rompent
un Bataill-
lon enne-
my.

rie les Mousquetaires voyant venir à eux la cavalerie qui la soûtenoit, retournerent pour prendre leurs chevaux, avec tant de precipitation, tant ils apprehendent de perdre l'occasion de la charger, que le Chevalier de Sourdis & quelques autres officiers & troupes qui suivoient s'imaginerent qu'ils estoient pousfez, ce qui obligea le Chevalier de Sourdis, de leur dire de ne se presser pas tant, pour ne donner pas lieu de croire, aux troupes qui s'avançoient qu'on avoit esté maltraité. Le Mareschal voyant avancer les Escadrons ennemis apres la déroute de leurs deux Bataillons leur opposa le Marquis de Livourne avec la Gend'armerie, laquelle apres avoir essuyé deux de leurs décharges à brûle-pourpoint les poussa l'épée à la main, & passa

fur le ventre à toute leur premiere ligne; Mais voulant pouf-
fer la victoire plus loin , il luy
fût impoffible de garder fes
rangs dans la Chaleur du Combat , & ainfi les Efdadrons ennemis furvenant mirent quelque
defordre parmy eux, Mais Revel avec fa brigade les fecourut
fort à propos , leur donna le
moyen de fe remettre en corps,
& à quelques autres troupes celuy de s'avancer jufqu'à un
grand efpace , où il y avoit
encore deux bataillons foûtenus
de toute la cavalerie d'Oranges.
Cependant la Cardonniere aver-
tit le Marefchal , qu'on voyoit
defcendre de la hauteur plus de
quinze Efcadrons, qui venoient
prendre fon aîle en flanc , le
Marefchal ordonna au même la
Cardonnierere Lieutenant ge-
eral de leur faire tête avec les

Difficul-
tezfurmon-
tées par le
Marefchal
de Hu-
mieres,

Escadrons de Konismark, & au Chevalier de Sourdis d'y conduire les Mousquetaires qui avoient repris leurs chevaux.

Monsieur Combat.

Ce fut pour lors que Monsieur commença à s'ébranler de son côté, Il fit avancer l'infanterie, & ordonna au Mareschal de Luxembourg de faire avancer son aîle gauche.

Le Mareschal de Humieres recommence à battre les Ennemis.

Le Mareschal de Humieres trouvoit toûjours par tout de nouveaux perils & de nouveaux obstacles. Les deux Bataillons qui estoient dans le grand espace, l'un desquels estoit des Gardes du Prince d'Oranges, faisoient ferme devant les Escadrons des Cuirassiers & de Tilladet, & on ne pouvoit les renverser sans infanterie. Il commanda donc à Crevant avec les Bataillons de la Reyne, à Desbordes & Raousset avec ceux de

Navarre de les chaffer , ce qui fut executé apres une vigoureu-se refiftance. Ayant donné la fuïte à ces Bataillons, il trouva dans une autre grande plaine toute la Cavalerie ennemie qui fe preparoit à le bien recevoir, il y avoit entr'autres un Efca-dron des Chevaux Blancs de la Garde du Prince d'Oranges ; & comme la Brigade de Revel avoit beaucoup fouffert , il fit avancer la Gend'armerie , qui s'eftoit ralliée , & ayant la li-berté de s'étendre de tous cô-tés il recommença à donner.

Monfieur, qui fe trouvoit par tout , voyant que plufieurs Ba-aillons & Efcadrons plioient evant un gros d'Infanterie en-emie , dans le mefme endroit ù il avoit commencé à com-attre , courut à eux en leur riant ; *Vous fuyez, & vous me*

Monfieur ramene les fi yards, & les oblige à bien com-battre,

voyez : & où est l'honneur de la France ? Il fit marcher en mesme tems les Bataillons de Greeder & de Phiffer. Il y joignit la Compagnie mesme de ses Gardes , & ne retint auprés de sa Personne que ses Gentilshommes & ses Domestiques. Apres ces ordres il rallia les fuyards, les ramena au combat , les encourageant par son exemple, & renversa toute l'Infanterie ennemie, qui s'étant prévaluë de ce desordre de nos Troupes avoit presque coupé nôtre Camp. Monsieur s'exposa si fort en cette occasion, qu'il receut un coup de mousquet dans ses armes. Le Chevalier de Lorraine fut blessé au front, & quelques autres Gentilshommes & Domestiques de S. A. R. furent ainsi blessés à ses côtés.

Le Mareschal de Humieres voyant

Son exemple & sa valeur,

Le Chevalier de Lorraine blessé.

Le Mareschal de

voyant le defordre de l'Infanterie ennemie, jugea bien que Monfieur avoit remporté quelque
avantage confiderable. Voyant
donc qu'il n'y avoit plus rien à
craindre de ce côté là , & s'é-
tant affeuré de l'autre avec la
Brigade de Montrevel de la feconde ligne, qui eftoit en fort
bon ordre , il renforça encore
une fois la Gend'armerie , qui
avoit beaucoup fouffert de la
Brigade de Rével , & d'autres
Efcadrons qui venoient apres
celle cy, & donnant fur le gros
de la Cavalerie Hollandoife ,
apres un combat fort opiniâtré,
celle-cy commença à repaffer le
ruiffeau , enfuite à fe debander,
à prendre la fuite. Monfieur
arut en ce moment avec fon
nfanterie fur la gauche de cet-
e aîle victorieufe, & trouva le
arefchal qui venoit de vain-

F

Humieres
connoît
que Mon-
fieur eft vi-
ctor.eux.

Il met l'aî-
le gauche
des Holan-
dois en dé-
route.

cre avec la Cavalerie, l'aîle gauche des Ennemis où eſtoit leurs
plus grandes forces , & où il
ſembloit que la fortune l'avoit
voulu diſputer avec la bravoure
de ſes troupes.

Le Duc de Luxembourg, qui
avec ſon aîle gauche n'avoit pas
tant trouvé de reſiſtance dans
la droite des Ennemis , & qui
venoit de la défaire entierement,
eut ordre de S. A. R. de pour-
ſuivre la victoire avec divers Eſcadrons du Colonnel general,
& quelques autres qu'on tira de
l'aîle droite du Mareſchal de
Humieres , & que le Comte du
Pleſſis eut le ſoin de luy conduire.

Dangers &
bravoure
du Prince
d'Orange.
L'Armée Hollandoiſe gagna
en confuſion la hauteur & le
chemin de Caſſel & la Belle.
Le Prince d'Oranges apres s'é-
tre expoſé pluſieurs fois,& avoir

receu plusieurs coups dans ses armes, voyant la bataille perduë sans ressource, se retira apres tous les siens, triste, suivy de peu de monde, & ne sçachant presque où il vouloit aller : Il se rendit à Steenvoord, & de-là à Poperinghen, éprouvant encore en cette occasion que la fortune ne vouloit point s'accorder avec son courage dans aucune de ses entreprises.

Monsieur s'avança jusqu'à la hauteur, qui est au-de-là du second ruisseau avec les brigades d'Aubarede & de Villechauve, pour attendre le Mareschal de Luxembourg, ou pour le soûtenir, au cas que le Comte de Nassau fût venu l'attaquer avec les troupes qu'il conduisoit. Ce Mareschal mit en pieces beaucoup de troupes qui se r'allioient pour sauver le bagage,

Démarches de Monsieur.

Actions de Luxem-

F ij.

fit prifonniers plufieurs Officiers & Soldats, jufques à deux lieuës au-de-là de Caffel. Les Hollandois perdirent tout leur bagage, vivres & provifions, treize pieces de Canon, plufieurs mortiers, quinze Eftendarts, quarante & un Drapeaux, & plus de dix mil hommes, c'eft-à-dire, plus de trois mil morts, autant de bleffez ou prifonniers, & le refte débandez, ou rendus incapables de fervir.

Perte des Hollandois

Les plus qualifiez des Hollandois, qui y perirent, furent Walftein, Commandant des Dragons de S. A. Les Colonnels de Scaep, Arembergh, Greames, Grim, Holfwege, Horrubey, Truxes. Les Majors de Brederode infanterie Waldek, Klooftet, le fils aîné du Colonnel Kilpatrik Gouverneur de Bofleduc, Evervvyn Lieutenant

Hollandois de qualité morts.

Colonnel du même , le Colonnel Slanemberg , le Baron de
Lotthen , & plus de cent cinquante Officiers,

Les bleffez & enfemble pri-
fonniers , Riisvuith Cornette des
Gardes du Corps. Hertman
Lieutenant de la Cavalerie de
Valdek. Croonmam Lieutenant
Colonnel des Gardes à pié. Si-
ber Major , Laer Capitaine , La
Noy Lieutenant Colonnel du
Prince Maurice , & le Major Sa-
lis Lieutenant Colonnel d'Hol-
ftein , avec le Major du même
Regiment. Haiide Lieutenant
Colonnel d'Horne , avec deux
Capitaines. Schaep Major de
Girickell. Le Comte de War-
fufée , le Colonnel de la Vergne
bleffez. Le Lieutenant Colon-
nel de la Vergne prifonnier, com-
me auffi le Colonnel de Witten-
houë. Le Lieutenant Colonnel

E iij

Oalkembourg. Le Colonnel
Comte de Lippe. Poeduvel Lieu.
tenánt Colonnel de Brandebourg. Le Major de Grim. Le
Colonnel Zobel. Le Colonnel
Maregnault blessé, plus de cent
autres, tant hauts Officiers que
subalternes.

La défaite de cette Armée auroit esté entiere sans l'inégalité
du terrain, les marais, les hayes,
les forests, les brossailles, & la
nuit qui survint.

Celles de
leurs trou-
pes qui fi-
rent leur
devoir.

Les Troupes ennemies qui se
distinguerent en cette occasion
furent, parmi la Cavalerie, les
Regimens des Gardes du Corps
& Dragons de S. A. de Valdek,
Brederode, Kinskel, Skaep,
Kronembourg, Aremberg, Greames Ecossois. Parmi l'Infanterie, le Regiment des Gardes à
pied de Son Altesse; du Prince
Maurice, du Duc d'Holstein,

du Prince de Brandebourg, Cur-
lande, Ringrave, Valdek, Horne, Girikell, Van-Eppe, de la
Vergne, Kilpatrik, Wittenho-
ve, Oalkembourg, Tourſay,
Lippe, Klooſter, Grim, Hof-
vuege, Zobell, Albrunſvaert,
Slangembur, & les trois de Ze-
lande.

Cette Victoire coûta à Mon- **Morts &**
ſieur environ deux mil hommes **bleſſez dans**
le Camp de
morts, ou bleſſés, & quelques **Monſieur.**
priſonniers. On compte parmi
les morts, Moiſſac Cornette des
Mouſquetaires ; de la Grange
Guidon des *Genſd'armes Ecoſſois*.
Maker Guidon *des Anglois* ; la
Boiſſiere Capitaine *aux Gardes* ;
le Chevalier de Beauveaux Lieu-
tenant-Capitaine *des Genſd'armes*
de Monſieur ; le Marquis de Vil-
laſerre, & Beneſe Capitaines *dans*
Tilladet ; L'Eſtoille Mareſchal
de Logis *des Dragons Dauphins*.

F iiij

Mardolieres, du Teil, & de Villars Capitaines *dans Bourgogne.* Sebaftier Capitaine *dans la Reyne ;* Crean Lieutenant Colonnel *de Humieres ;* Sigoville Major, & Gozon Capitaine *dans le Maine.* Du Chelar Major, Lantillac, & Mefchatin Capitaines *dans Anjou.* Briffet Capitaine *dans le Genevois Piémontois.* Villars Lieutenant Colonnel *du Royal Italien.* Picquemont Colonnel d'un Regiment *Vallon.* Le Chevalier de Silly Gentilhomme de Son Alteffe Royale.

Prifonniers. Le Comte de Carces Enfeigne *dans les Genfd'armes Efcoffois,* mort apres de fes bleffures. Le Chevalier de la Guetre Capitaine - Lieutenant *dans l'Anglois,* auffi bleffé. De Refuge Capitaine, & Bourru Lieutenant *aux Gardes.*

Bleffés. Le Marquis de Livour

ne, le Comte du Luc Mousque-
taire. *Dans la Gend'armerie Ecos-
soise*, Livry & du Passage Marefchaux de Logis. *Dans l'Anglois*,
le Chevalier d'Estoges Sous-
Lieutenant, le Chevalier de
Crolly Enseigne, Obrieu Mareschal de Logis. *Dans la Gen-
d'armerie de Bourgogne*, le Marquis de Montgon Sous-Lieute-
nant. *Dans Flandres*, deux Mareschaux de Logis & un Brigadier. *Dans les Chevaux-Legers de
la Reyne*, le Marquis de Sepuille
Capitaine-Lieutenant. *Dans les
Chevaux-Legers Dauphins*, le Marquis de Villarceaux Sous-Lieu-
tenant. *Dans la Gend'armerie
d'Anjou*, de Lanion Sous-Lieute-
nant. *Dans le Colonnel general*, Blot
Capitaine. *Dans le Mestre de
Camp general*, le Chevalier de
Lussan Capitaine, & de Ferrieres
Cornette. *Dans s Cuirassiers*,

Mouces Capitaine. *Dans Tilla-det*, Catin Ayde Major, & le Chevalier de Narbonne Capitaine. *Dans Sourdis*, la Caille Capitaine. *Dans les Dragons*, le Colonnel general Paynac, du Chemin, Grand-Val, & le Chevalier de Cuſſan Capitaines. *Dans Liſtenoy*, Baudot, Lajanie, & la Font Capitaines. *Dans les Gardes Françoiſes*, Maliſſy, & des Alleures Capitaines; de Sage, de Varennes, & de Foüilles Lieutenans; de Jolly, & de Beaumont Sous-Lieutenans, & de Nonant Enſeigne. *Dans Navarre*, Lurcy, Boiſtiroux, Caſtillon, le Harlier, Denat & Riotot Capitaines, *Dans le Royal*, Villechauve Lieutenant Colonnel & Brigadier d'infanterie, de Biſieux & de Ville-ſablon Capitaines. *Dans Comty*, le Chevalier de Freſſinet, Maruëil, & Sainte Seve Capitaines. *Dans Bourgogne*, le Chevalier de Villars, des Talleures, SainteCloy, Beauregard & Thomaſſin Capitaines. *Dans la Reyne*, des Farges Lieutenant Colonnel, Grimperé, Valcroiſſeau, du Val, Montgrain, & Bonnet Capitaines. *Dans les Vaiſſeaux*, Lauzier Major, la Tournelle, la Boiſſiere, Arbouville, la Mare, & Renoir Capitaines. *Dans le Lyonnois*, de l'Eſtoille Lieutenant Colonnel, Sercave, Dapinat, Bellegarde, Montbriſon, Linteüil, Montagny, d'Enomville & Bony Capitaines. *Dans Huieres*, des Dames Major, Coderé, Francalliere, Moncobau, des Fontaines, Lhoſpital, la Normandie, la Seine, Milon, & Goſſé Capitaines. *Dans le Mayne*, de la Haye, de la Motte & du Teil Capitaines. *Dans l'Anjou*, la Melonniere Lieutenant Colonnel,

Desnac, Clerac, la Boulaye, Boulac, Scalberge, Château-zerce, Ferriere, Palleville, du Long, & le Comte Capitaines. *Dans la Couronne*, le Chevalier de Betancourt Genlis Colonnel, Servy, & le Marquis d'Are, fils aisné du Comte de Tavanes, Capitaines. *Dans le Genevois Piémontois*, du Clos, Sainte Luce, Choisil, Matoüet, & S. Seriés Capitaines. *Dans le Royal Italien*, le Comte de Serravalle de Sesia, le Marquis Orsucci, & Rossa Capitaines. Griffi, Surgilli, Valdini, Marchetti, & Buzzoni Subalternes. *Dans Phiffer*, Borgelli, Margdossi, & Aët Capitaines. *Dans Greeder*, Zegber Major, Fabri, Courtent, Burent, & Watteville Capitaines. *Dans Stoupp*, Beuselle Capitaine, & à proportion des Subalternes de chaque Regiment.

Il y eut encore beaucoup de Volontai-res qui se signalerent. Personnes de qualité qui se dis-tinguerent en cette occasion, où ils s'estoient rendus comme Vo-lontaires ; le Prince d'Isenghien, le Frere du Comte de Solre, le Marquis de Thury , Daranan-tum , la Vallerie, & autres Gen-tilshommes de la Flandres Fran-çoise. M. de S. Poüange , assés connû par ses emplois, qui le dispensent de s'exposer aux pe-rils de la guerre, n'ayant pas lais-sé par un excés de zele de s'a-vancer parmi les Troupes qui combattoient, ne servit pas peu à retenir celles qui commen-çoient à branler , & à rallier cel-les où le desordre s'étoit déja mis.

L'ardeur du combat fut de C'est la troisiéme Bataille donnée à Cassel. trois heures & demie ; c'est à dire, depuis deux heures après midy , jusques à cinq heures &

demie du soir. C'a esté la troisiéme Bataille qui a esté donnée
sous Cassel, par trois Generaux
qui ont tous porté le nom de
Philippe. La premiere fut avantageuse aux Païs-bas par le malheur de Philippe le Bel ; mais les
deux autres ont esté glorieuses à
la France par le courage de Philippe de Valois, & par la valeur
de Philippe aujourd'huy Duc
d'Orleans.

La nouvelle de cette Victoire
ayant esté publiée dans le Camp
du Roy, on la solemnisa par trois
salves reïterées de tout le canon
& de toute la mousqueterie. Sa
Majesté donna au Marquis d'Effiat un Diamant de deux mille
Le Roy piftoles ; & envoya à Monsieur,
envoye fe- M. de Gesvres, premier Gentil-
liciter Mon- homme de sa chambre, pour lui
sieur, en témoigner sa joye.

Merille, premier Valet de

Chambre de S. A. R. vint porter cette agreable nouvelle à
Madame le foir du 12. Le lendemain Monfieur le Dauphin, accompagné des Princes de Conty, du Duc de Montaufier fon
Gouverneur, & de plufieurs autres jeunes Princes & Seigneurs
de fa Cour, vint du Château de
S. Germain à Paris pour fe réjouïr avec Elle de l'heureux fuccés des armes du Roy fous la
conduite de Monfieur. Sa Majefté luy en écrivit, & luy envoya M. de Gombaud, un de fes
Gentilshommes ordinaires, pour
l'en complimenter ; & tous les
Princes & Princeffes du Sang,
Miniftres Etrangers, & les premieres Perfonnes du Royaume,
furent à l'envy témoigner leur
joye à cette Princeffe. On allu-
ma des feux de joye devant le
Palais Royal, & le peuple de

La nou-
velle en eft
portée à
Paris.
Compli-
mens faits
à Madame.

Feftu

luy mefme en fit auffi par tout Paris.

On commençoit fort à refferrer la Citadelle de Cambray, fur tout depuis cette victoire. La nuit du 13. au 14. on élargit les Places d'armes, les logemens faits pour mettre l'artillerie à couvert, & la defcente dans le foffé. On dreffa de nouvelles Batteries, on fit jouer quelques mines, & on en chargea d'autres.

Le matin du 14. le Duc de Villeroy Lieutenant general étant de jour, avec Rubentel Brigadier d'Infanterie & le Marquis d'Angeau Ayde de Camp, deux Bataillons Dauphins faifans l'attaque de l'Efplanade, & un Bataillon du Roy celle de

hors la Ville, on prit la demy-Lune qui eft à main gauche, prefque toute ruinée par le canon. Le Gouverneur de la Citadelle ne pouvant pas fouffrir qu'on l'euft ainfi emportée en plein jour, & voyant bien de quelle confequence cela luy étoit par le cœur que de pareils fuccés donnoient aux François, il détacha fes meilleurs Officiers & fes meilleurs Soldats, & la fit reprendre, avant que les nôtres y euffent commencé aucun logement. Ces mefmes Soldats voulans continuer leur pointe, & venir renverfer nos travaux, le Duc de Villeroy les repouffa vigoureufement, & il auroit encore pû reprendre la demy-Lune s'il avoit eu des outils & des travailleurs pour s'y loger, & s'il n'euft confideré qu'il l'avoit plûtoft attaquée par un emportement de bravoure que dans les formes de la guerre.

La nuit du 15. au 16. le Comte

de S. Geran Marefchal de Camp, Joffeaux Brigadier, & le Marquis de Chiverny Ayde de Camp, eftant à la garde de la tranchée, avec deux Bataillons de Picardie, on reprit entierement la mefme demy-Lune, & on y fit des logemens, pendant que deux Bataillons des Gardes gardoient les travaux fur la droite. S. M. avoit ordonné à S. Geran de ne s'opiniâtrer point à la reprendre, en cas qu'il y trouvât quelque refiftance, parce que ce pofte eftant fur la gauche & hors des attaques, fa prife paroiffoit inutile, & Elle vouloit conferver fes Soldats. Mais les fentinelles avancées, & les petites gardes ayant efté poftées fur la pointe de la demy-Lune, aux feules menaces que fit un peu hautement un Sergent de Picardie, ceux qui la gardoient l'abandonnerent.

Le 16. le Mareſchal de la Feüillade eſtant à la tranchée, avec
le Marquis de Cavois Ayde de
Camp, le Roy commanda une
ceſſation d'armes, & fit entendre
au Gouverneur par le Chevalier
de Nogent, auſſi Ayde de Camp
du Roy, qu'il avoit fait pour la
défenſe de la Place tout ce que
les loix de la guerre demandoient d'un homme de ſa valeur
& de ſa reputation ; que l'armée
dont il pouvoit attendre quelque ſecours eſtoit entierement
défaite, ſans eſperance de ſe pouvoir reſtablir ; que les demy-
Lunes & tous les dehors de ſa
Place eſtoient pris ; qu'il y avoit
pluſieurs bréches faites & des
mines pour en faire de plus grandes, & qu'enfin il ne devoit pas
s'opiniâtrer à une plus longue
défenſe, qui ne ſerviroit qu'à
faire perir encore quantité de

Le Roy fait ſommer le Gouverneur.

vaillans hommes de l'un & de
l'autre parti, ce qu'il devoit évi-
ter, pendant qu'il estoit en état
de faire une capitulation hon-
norable & avantageuse. Le Gouverneur répondit par une Lettre
que le mesme Chevalier de Nogent porta, qu'il estoit encore
en état de se défendre ; que
quand les mines ruineroient les
Bastions attaquez, il lui en res-
toit encore un où il pouvoit se
loger en seureté, & qu'enfin
quand il seroit obligé de ceder
à la force, il esperoit que S. M.
en useroit avec sa generosité ordinaire envers des Soldats qui
auroient fait leur devoir.

Neanmoins le matin du 17.
voyant deux Bastions presque
renversez par les mines & par le
canon, ses meilleures demi-Lu-
nes perduës, les fossez entierement remplis, & la Garde de la

Réponse du Gou-verneur.

tranchée en état de donner un
aſſaut general, il ne crut pas le
devoir attendre, & il eſtima plus
à propos de conſerver à ſon parti le reſte de ſa Garniſon, &
quelques richeſſes, qu'il voyoit
bien qu'il ne pouvoit ſauver que
par une capitulation, connoiſ-
ſant comme il faiſoit & la valeur des Aſſiegeans, & combien
la victoire leur eſtoit facile en la
preſence d'un Roy qui y ſçavoit
aller par des voyes ſi courtes &
ſi ſurprenantes. Le Roy le traita
auſſi favorablement qu'il le pouvoit ſouhaiter. Il lui permit, &
à ſa Garniſon, de ſortir par la
bréche, avec armes & bagages,
deux pieces de canon, & eſcor-
tez juſques à Bruxelles. S. M.
envoya d'abord le Marquis de
Louvois dans la Citadelle. Le
Gouverneur ſe preſenta au Roy,
malade & bleſſé. S. M. loüa les

belles actions qu'il avoit faites
dans la défense de cette Place.
La Garnison sortit en assez bon
état, excepté les Regimens Ir-
landois de Molembec, & Tilly,
qui comme ceux qui avoient fait
des actions plus vigoureuses, a-
voient esté aussi fort mal traitez.

Entrée du
Roy dans
la Ville.
S. M. rend
graces à
Dieu de la
prise de
Cambray.

Le Roy fit ensuite chanter le
Te Deum dans la Metropolitaine,
& comme si le Ciel eut voulu
concourir avec la terre à com-
bler ce Monarque de prosperi-
té, le siege finit le même jour
que Sa Majesté achevoit dans le
Camp les Stations du Grand Jubilé. L'Archevesque de Paris, &
le Pere de la chaise Confesseur
du Roy, sur la question qui s'é-
toit formée, si Sa Majesté pouvoit gaigner le Jubilé dans un
autre lieu que celuy qui étoit
marqué par la Bulle, deciderent
qu'il n'y avoit point de lieu li-

mité pour la perſonne de S. M.
puis qu'il n'y en avoit pas même
pour les ſimples voyageurs.

Le Careſme finit auſſi à même
tems, qui ne fut pas moins cette
fois un tems de mortification
pour les Confederez heretiques
que pour les Catholiques.

Le Roy donna le Gouverne-
ment de Cambray à Cezan Major du Regiment des Gardes, la
Lieutenance à Dreux, la Majorité à Pariſot Ingenieur, le commandement de la Citadelle à
Choiſi un des premiers Inge-
nieurs, & la Lieutenance à Du
Freſne : Et comme Cezan étoit
Gouverneur de Condé, ce gouvernement fut donné à la Lé-
vretiere. Sa Majeſté donna en-
ſuite les ordres pour reparer les
bréches, & relever les murailles,
tant de la Ville que de la Citadelle, pour remettre les fortifi-

Diſtribu-
tion des
emplois.

cations en état, & aplanir les travaux.

Elle envoya le Comte de Grammont pour porter cette heureuse nouvelle à la Reyne & à Monsieur le Dauphin. Le 22. le *Te Deum* fut chanté à Paris dans l'Eglise Nôtre-Dame, la Reyne & Monsieur le Dauphin accompagnez des Princes, Princesses, Ambassadeurs, & Cours Souveraines à l'accoûtumée y assisterent, & on en fit des feux publics par la Ville.

Le Comte de Grammont porte à S. Germain la nouvelle de cette prise. Fêtes de Paris.

La Reyne envoya témoigner sa joye au Roy, & ensuite à Monsieur, pour les prosperitez de cette campagne, par le Vicomte de Nantia son Ecuyer ordinaire.

La Reyne envoye complimenter le Roy & Monsieur.

Le Roy partit de Cambray le matin du 20. passa par Bouchain, & coucha à Doüay. Le 21. le matin à Lens, & la nuit à Bethune. Le 22. à Teroüanne, où Monsieur

Départ du Roy.

Monſieur vint voir Sa Majeſté.

Monſieur aprés avoir rempor- Actions de Monſieur apres la bataille.
té la Victoire ſur le Prince d'O-
ranges demeura quelques jours
dans ſon poſte, tant pour obſer-
ver l'état de l'armée ennemie,
que pour empeſcher que quelques unes de ces troupes déban-
dées ne s'allaſſent jetter dans
S. Omer ; & auſſi pour donner
tems à ſa Cavalerie de profiter
des fourages qu'on avoir trou-
vez au-de-là de Caſſel, & à l'infanterie de conſumer les munitions que les Hollandois avoient
abandonnées, & il y en avoit
pour la ſubſiſtance de leur armée pour plus de dix jours.
S. A. R. envoya d'abord ſur le
champ de bataille des Charriots
& autres voitures, avec des Me-
decins, des Chirurgiens, & des
vivres, pour ſecourir ceux des
ennemis qui ſe trouveroient en-

G

core en état d'eſtre ſecourus, ne voulant pas que l'on fiſſe en cette occaſion aucune difference entre ces malheureux & les ſoldats de l'armée qu'il commandoit : Monſieur ne manquoit pas cependant de preſſer le Siege ; Tous les jours quatre bataillons & quelques Eſcadrons avoient ordre d'entrer dans la tranchée à l'attaque du fort des Vaches. Dés le 10. Avril les Aſſiegez s'étant apperçûs que Monſieur avoit quitté le ſiege pour aller au devant de l'armée Hollandoiſe, voulurent tenter de reprendre ce Fort par une vigoureuſe ſortie, qu'ils firent : Mais le Marquis de la Trouſſe, qui s'y trouvoit de garde les avoit repouſſez. Alors dans le quartier du Bac & de Nieurlet, où Phiffer commandoit, on intercepta des Lettres que le Gou-

Sortie des Aſſiegez.

verneur & les Magiſtrats de
Saint Omer écrivoient au Prince
d'Oranges , qui contenoient le
miſerable état de leurs affaires,
ignorant encore la défaite du
Prince d'Oranges même. Monſieur en fit faire une copie pour
la monſtrer au Roy, & crut à
propos de laiſſer paſſer les Ori-
ginaux, afin que les ennemis fuſ-
ſent informez de toutes leurs diſ-
graces, S. A. R. fit advancer l'artillerie vers S. Omer, & on dreſſa Nouvelle
une batterie de 20 pieces de Ca- batterᶜe.
non devant le haut pont : L'attaque de Tattinghen avoit eſté a-
bandonnée dés le moment que
Monſieur quitta ſes quartiers,
parce qu'il ne s'étoit pas trouvé
aſſez de troupes pour pouvoir
conſerver ce poſte, mais le Ma- Le Mare-
reſchal de Humieres ſe rendit chal de Hu-
                                   mieres re-
luy-même devant la place pour tourne au
y remettre toutes choſes en état, Siege.

G ij

& redoubler les attaques. On
étoit souvent aux prises avec les
assiegez, qui faisoient de tems
en tems des sorties. Ils en firent
une le 17. où la Cardonniere fut
blessé, la Frezeliere le fils tué,
& bon nombre de Soldats, mais
tous ces efforts desassiegez quoyque vigoureux, n'estoient que
comme les dernieres lueurs d'une
lampe qui s'éteint. Car enfin
Monsieur ayant donné à son armée le tems de se rafraichir &
de conserver le fourrage & les
munitions des ennemis, & s'é-
tant assuré que le Prince d'O-
ranges avec le debris de son armée se retiroit entre Bruges &
Gand, retourna dans le Camp
de Blandek le 19. & mit la plus
grande partie de ses troupes en
bataille sur la hauteur d'Arques.

Monsieur
retourne
dans le
Camp.

Le 20. au soir le Prince de Robek & le Magistrat de la ville

ne pouvant plus refifter au feu
de l'artillerie , n'ignorant plus
la perte de la bataille , defefpe-
rant de pouvoir eftre fecourus ,
apprehendant les fuites d'un af-
faut general , & croyant avoir
fait tout ce que l'honneur de-
mandoit d'eux pour la défenfe La Ville fe
de cette place , demanderent à rend.
capituler. On donna les ôtages Capitula-
de part & d'autres. Monfieur tion.
envoya le Colonnel Villars dans
la Ville , & les Efpagnols en-
voyerent au Camp le Colonnel
d'infanterie de Fey, & d'Har-
noncourt Colonnel de Cavalerie. Ils avoient encore une Contrefcarpe , un large Foffé , &
un rempart de terre garny de
fafcines, de pieux, & des hayes
vives : Ils pouvoient enfin durer
encore quelques jours ; mais fe
voyans fans efperance de fecours , & menacez de n'avoir

G iij

point de quartier s'ils étoient
pris d'assaut, ou de demeurer
prisonniers de guerre s'ils diffe-
roient plus long-tems à se rendre, persuadez qu'il faudroit enfin y venir, & qu'il ne s'agissoi
que de quelque jour de plus ou
de moins ; d'ailleurs ils avoient
reconnu que les François ne se-
roient pas marris d'une plus longue resistance, pour avoir un
pretexte de faire perdre à la
Flandres les troupes de cette
garnison qui pouvoient luy rendre encore des services impor-
tans ; par toutes ces raisons ils
prirent le party de Capituler.
Leurs demandes furent fort dé-
battuës, & on avoit comme re-
solu de ne les recevoir que prisonniers de guerre, mais Monsieur ayant vû le Roy le 22. à
Terouänne, revint dans son
camp avec les ordres de leur

accorder une Capitulation des plus honnorables. Ils sortirent avec armes & bagage , deux pieces de Canon, & Escorte jusques à Ypres & Gand. Le Prince de Robek & le Comte de Saint Vegnant à la tête de la garnison , firent la reverence à S. A. R. qui les receut avec beaucoup de bonté.

Monsieur entra dans la Ville, fit chanter le *Te Deum*, visita les remparts, & ayant donné les ordres necessaires pour remettre la Place en estat , & pourveu aux besoins des Ennemis prisonniers & blessez, alla joindre le Roy à Calais le 24.

Monsieur entre dans la Ville, fait chanter le *Te Deum*. Va joindre le Roy.

S. M. avoit disposé du Gouvernement de cette Place avant que de sortir du Camp devant Cambray, en faveur du Marquis de S. Geniés Commandant de Doüay ; il en avoit donné la

Gouvernement & charges à qui données.

G iiij

Lieutenance à Raouſſet Capitaine dans Navarre, la Majorité à Rochepierre Ingenieur, & le Commandement de Doüay au Marquis de Pierrefitte, de l'ancienne Chevalerie de Lorraine.

C'eſt la coûtume que le Roy de France & le Roy d'Angleterre, lors qu'ils ſont comme à preſent dans une parfaite intelligence, s'envoyent mutuellement complimenter toutes les fois qu'ils s'avancent en perſonne ſur les coſtes. Le Roy envoya à Sa Majeſté Britannique le Duc de Crequy Pair de France, premier Gentilhomme de ſa Chambre, Chevalier de ſes Ordres, & Gouverneur de Paris. Il partit de la Cour avec une ſuite de plus de cent Gentilshommes. Les Princes qui ſe joignirent à luy pour aller rendre leurs reſpects en particulier à leurs Majeſtez Bri-

Complimens des deux Rois de France & d'Angleterre.

Duc de Crequy envoyé.

Princes qui paſſerent en Angleterre en cette occaſion.

tanniques, furent le Comte de
Soiſſons, le Duc de Boüillon, &
le Prince de Monaco. Le Roy
d'Angleterre envoya en France
le Comte de Sunderland ; & le
Duc d'York le Milord Duras,
Capitaine de ſes Gardes.

Le Roy pouvoit facilement
augmenter ſes conqueſtes par
un quatriéme Siege, & les Païs-
bas eſtoient dans une telle con-
ſternation, que toutes fatiguées
que paroiſſoient les Troupes, elles auroient encore pû pouſſer
leur victoire bien loin, mais Sa
Majeſté vouloit faire connoître
à l'Europe, que quelque avantage qui luy revinſt de la conti-
nuation de la guerre, Elle avoit
encore une plus forte inclina-
tion pour la paix, & dans cette
veuë Elle écrivit au Roy d'An-
leterre, comme au Mediateur,
u'Elle eſtoit prête à ſigner les

Le Roy fait
voir ſon
penchant
à la paix.

articles d'une Tréve, pour donner moyen de travailler à loifir à la conclufion de la Paix. Apres cela le Roy diftribua fes Troupes dans leurs quartiers , interrompant ainfi de luy-mefme le cours de fes victoires , pour faire voir la difpofition où il étoit de donner le repos à l'Europe , & pour fe remettre en état de faire de nouvelles entreprifes , au cas que les Confederés ne vouluffent pas donner les mains à une propofition fi raifonnable.

Le Roy vifite les Places conquifes.

Le Roy retint auprés de fa Perfonne une partie des Troupes de fa Maifon, & alla vifiter toutes les Places de la frontiere, & des Païs-bas conquis. Il donna à M. de la Cardonniere Lieutenant general, la Charge d Meftre de Camp general de l Cavalerie Legere , vacante pa la mort du Marquis de Rénel

La Cardonniere eft fait Meftre de Camp general de la cavalerie legere.

& fit un détachement de six mil hommes fous fa conduite, pour aller du cofté de la Meufe juf-qu'à nouvel ordre. La Charge de Commiffaire general, que ce dernier avoit, fut donnée au Marquis de Montrevel Briga-dier de Cavalerie.

Montrevel eft fait Commiffaire general.

Le 25. S. M. fe rendit à Gra-velines, & le foir à Dunkerque. Le lendemain Elle vifita le port, les remparts, & tous les autres endroits de la Place. Le 27. Elle paffa à Bergues ; le 28. Elle re-tourna à Calais, où Elle donna audience fecrette à Griffendal Envoyé extraordinaire de Sue-de. Elle y receut auffi les com-plimens que luy firent de la part de Sa Majefté Britannique & de S. A. R. le Duc d'York, le Com-te de Sunderlant & Milord Du-as, qui prirent le 29. leur au-ience de congé, introduits par de Bonneüil.

Voyages du Roy.

Sa Majefté reçoit les Envoyez d'Angle-terre.

Monsieur retourne à Paris.

Monsieur avoit quitté le Roy à Calais, & estoit arrivé à Paris le 3. de May avec les Gentils-hommes de sa suite. Madame, Mademoiselle, & plusieurs autres Princes, Princesses & Grands du Royaume, furent au devant de luy pour le recevoir. Le lendemain de son arrivée il fut rendre visite à la Reyne au Convent des Carmelites de la ruë du Bouloir; & le 5. il se rendit à Saint Germain avec toute sa Royale Famille pour y voir de nouveau la Reyne & Monsieur le Dauphin. Le mesme jour le *Te Deum* fut chanté dans l'Eglise Nostre-Dame pour la Conqueste de S. Omer, & le soir on en fit des feux de joye. Le Nonce du Pape, & tous les Ambassadeurs & Ministres Etrangers, & plusieurs Personnes de qualité des deux sexes firent leurs complimens à

Festes.

Compli-mens faits à S. A. R.

S. A. R. tant sur la prise de Saint Omer, que sur la Victoire de Cassel.

Le Roy ayant fait le tour des Places maritimes se rendit dans l'Artois avec sa Cour ; il passa quelques jours à Saint Omer. De là le 9. May il fit son entrée dans Valenciennes , & s'arresta dans le Comté de Haynaut. Le 14. il fut à Condé. Il y receut la nouvelle du Combat naval que le Comte d'Estrées avoit gagné sur les Hollandois dans le Port de Tabago en Amerique.

Cependant les Confederés n'ayant voulu écouter aucunes propositions de Tréve, tâchoient de remettre leurs forces sur pié. Ils avoient étably leur quartier general au Païs de Vaës. Ils s'étoient assurez des Troupes d'Osnabruk, de Munster, & de Neu-

Les Confederez refusent la tréve.

bourg. Le Prince d'Oranges projettoit de grandes entreprises, tantôt avec les Estats Generaux, tantôt avec les Espagnols ; Et les Confederés dans toutes leurs démarches faisoient paroître qu'ils machinoient de se vanger de tant d'affronts qu'ils venoient de recevoir par l'execution de quelque grand dessein.

Le Roy rappella toutes ses troupes de leurs quartiers de rafraîchissement, & fit le 22. May la reveuë generale de son aîle droite dans le Camp de Thulin, & le 23. il fit la reveuë de l'aîle gauche sous Bossu dans le terroir de Keuvrain. Il trouva son armée plus florissante que jamais, forte d'environ quarante Bataillons, & quatre-vingt-dix Escadrons, sans y comprendre les troupes qui en avoient esté détachées pour renforcer l'armée du Ma-

Le Roy fait la revûë de ses troupes.

reschal de Crequy , ny celles qu'on avoit envoyé servir sous le Mareschal de Schomberg entre la Meuse & la Moselle. S. M. laissa le commandement de celle-cy en Flandres au Mareschal de Luxembourg. Passa le 27. par le Quesnoy , le 28. à Cambray , le 29. à Chaune , & le 30. à Liancourt , où Elle fut receuë par le Prince de Marsillac Grand Maître de sa Garderobe. Le 31. au matin Monsieur rencontra le Roy au Bourget , & à midy la Reyne , Monsieur le Dauphin , Madame , les Princes & Princesses de la Cour rencontrerent S. M. à Clichy , & elle arriva ainsi à Versailles.

Le 3. Juin le Marquis de Seignelay presenta à S. M. les Messieurs du Parlement , & les autres Cours Souveraines & Magistrats de Paris , qui la harangue-

Harangues des Cours Souveraines.

rent fur le bonheur de fes armes
dans cette glorieufe campagne.

Ambaffa-
deurs &
Miniftres
étrangers
font leurs
compli-
mensàS.M.

Le 4. M. de Bonneüil introduifit aupres de S. M. le Nonce,
& les Ambaffadeurs & Miniftres
Etrangers, qui luy témoignerent
leur admiration & leur joye pour
la rapidité & l'importance de
fes Conqueftes.

Clemence
du Roy.

Ce genereux Monarque, jet-
tant les yeux fur les peuples de
Flandres, que fes dernieres Conqueftes avoient foûmis aux rigueurs des contributions, voulut
faire voir que fa Clemence étoit
plus grande que leur mifere, &
écrivit une lettre au Marefchal
de Humieres, Gouverneur des
Païs-bas conquis, par laquelle
S. M. luy ordonna de n'en ufer
pas à l'égard de ces miferables
peuples avec la derniere rigueur,
quoyque la conjoncture de la
guerre femblât le demander ainfi,

ſi, & de conſerver la vie & les biens à tant de pauvres infortunez.

C'eſt ainſi que le Roy finit ſa campagne en trois mois, dont il en employa deux à ſes Conquêtes, & un à diſpoſer les choſes neceſſaires pour ſe les aſſeurer. Il n'eſt pas neceſſaire d'en faire voir l'importance & les conſequences, le tems le fera mieux que nous. Tout ce qu'on en peut dire de plus certain, c'eſt qu'apres avoir vû emporter avec tant de promptitude les trois Places du Païs-bas les plus conſiderables, ſoit par leur reputation, ſoit par leurs fortifications, il n'en reſte preſentement aucune qui puiſſe luy reſiſter, toutes les fois que S. M. voudra l'attaquer : Elle a mis à couvert toutes ſes Conqueſtes paſſées, Elle a mis ſon Royaume ou ſes frontieres,

H.

Le Roy finit ſa campagne en trois mois.

en état de ne plus rien souffrir des incommoditez de la guerre, ny des courses des garnisons ; Elle a extremement affoibly les ennemis, & s'est ouvert le chemin à de nouvelles Victoires.

Conclusion de l'Ouvrage. Cependant les Confederez parmy toutes leurs pertes ne respirent toujours que la guerre : Et le Roy au milieu de toutes ses prosperitez ne songe qu'à la paix. C'est une chose surprenante que les malheureux témoignent de l'empressement pour ce qui devroit faire les souhaits du Vainqueur : Et peut-on douter si les Vaincus s'opiniâtrent davantage à vouloir continuer la guerre, qu'il y a quelque constellation fatale à leur ruïne, & favorable à la gloire du Roy, qui malgré toute sa moderation l'entraîne à de nouvelles Conquestes.

Extrait du Privilege du Roy.

PAR Lettres Patentes du Roy, données à Versailles le 21 Octobre 1677. Signées, DESVIEUX, il est permis au Sieur P. V. de faire imprimer l'Histoire de nostre Campagne en Italien, intitulée, *La Campagna del Rè Christianissimo nell' anno 1677.* & mesme la Traduction en François, durant l'espace de sept années ; Avec défenses à tous Imprimeurs, Libraires, & autres, de l'imprimer, vendre & debiter, à peine de trois mille livres d'amende, & autres peines portées par lesdites Lettres.

Registré sur le Livre de la Communauté des Marchands Libraires & Imprimeurs de Paris.

Signé, COURTEROT, *Syndic.*

L'edit Sieur P. V. a cedé & transporté son droit de Privilege à Estienne Michallet, Marchand Libraire à Paris.

Achevée d'imprimer pour la premiere fois le 31. Decembre 1677.

TABLE
DES) PRINCIPALES
Matieres.

A.

I

TABLE

I ij

TABLE

F

G

H

P

TABLE

M

N

I iiij

TABLE

R

S

TABLE

LISTE DES PERSONNES

de Qualité, Volontaires de l'Armée de Monsieur le Prince d'Orange, qui se signalerent dans le Combat sous Cassel, donné le 4. Avril 1677. entre Monsieur Frere unique du Roy, & Monsieur le Prince d'Orange.

PRince d'Isenghien,
Le Frere du Comte de Solre,
Le Marquis Thury Daranantum.
La Vallerie, & autres Gentils-hommes de la Flandre Françoise.

LISTE DES PLVS QVALIFIEZ
de l'Armée des Holandois, qui y perirent.

Valtein Commant les Dragons de S. A. R,

Le Colonnel de Scaep.

Le Colonnel Arembergh.

Le Colonnel Greames.

Le Colonnel Grim.

Le Colonnel Holfuvege.

Le Colonuel Horrubey.

Le Colonnel Trixes.

Le Major de Broderode Infanterie.

Le Major de Waldek.

Le Major de Klooster.

Le Fils aîné du Colonnel Kipatrik Gouverneur de Bolduc.

Evervuyn Lieutenant Colonnel même.

Le Colonnel Slanemberg.

Le Barron de Lotther, & plus de cent cinquante Officiers.

ORDRE DE BATAILLE
tenu par MONSIEUR dans le Camp,
sous MONT-CASSEL.

Aîle gauche.
Le Maréchal Duc de Luxembourg.
Le Comte du Pleſſis Lieutenant general.
Mr. d'Albret Maréchal de Camp.

Aîle droite.
Le Maréchal de Humieres.
La Gardonniere Lieutenant general.
Le Chevalier de Sourdis Maréchal de Camp.

La Motte Maréchal de Camp au corps
de Bataille.

Brigade de Bullonde, & de Gournay.

Dragons de
Liſtenoy.

B. de Revel Brigade de Livourn.

Colonel general,	3.
Sourdis,	2.
Loïnaria,	2.
Gournay,	1. Eſcadron.

Conty,	
La Couronne,	2.
Royal,	2.
Vaiſſeaux,	2.
Lionnois,	2.

Du Maine,	1.
Anjou,	2.
de Creil,	
Les Gardes ſous Mr.	1.
Humieres,	2.
La Reine,	2. Bataillor.
Navarre,	3.

Meſtre de Camp,	3.
Cuiraſſier,	3.
Tillader,	3.
Gens-d'armes d'Anjou,	1.
Legers Dauphin s,	1.
Gens-d'armes, & chevaux	1.
Reine,	1.
Chevaux Legers de la	1.
& de Monſieur,	1.
Gens-d'armes de la Reine,	2.
Bourguignons Flaman,	1. Eſcadron.
Mouſquetaire,	2. Compagnie.
Ecoſſois & Anglois,	1. Eſcadron.

Dragons
du Colonel
general.

Brigade
d'Aubarede,
& Villechauve.

Brigade de
Souvray.

La Frezeliere avec l'Artillerie.

SECONDE LIGNE.

Le Prince de Soubize Lieutenant general.

Brigade de Grignan.

Dragons de
Sainſandoux.

Grignan,	2.
S. Germain,	2.
Villars,	2.
Couvron,	5. Eſcadrons.

Stoupp. 3. Bataillons.

Brigade de Greeder.

Greeder,	2.
Phiffer,	1.
Bourgogne,	2.
Italien Magaloti,	2½.
Bataillon.	
Genevois Piemontois,	1.

Brigade de Montrevel.

Konſmarx,	3.
Royal,	5. Eſcadrons.

Dragons
dauphins.